南戏诞生

枢府瓷（卵白瓷）诞生

元画坛四大家艺术创作高峰期

元杂剧诞生
散曲形成

《三国演义》问世

元青花瓷技艺纯熟

《水浒传》问世

斗彩瓷（青花间装五色）诞生

珐琅铜器（景泰蓝）盛行
宣德纸诞生

漆器螺钿品种诞生

漆器剔红技术盛行

竹雕嘉定派和金陵派活跃期

宜兴紫砂陶瓷工艺成熟

《牡丹亭》问世
《金瓶梅》问世
《西游记》问世

昆山腔起源

明五彩瓷诞生

15 世纪初期

15 世纪前期

15 世纪中期

16 世纪前期

16 世纪前中期

16 世纪中后期

16 世纪末期

元明开启了中国近代化的进程，我们第一次离工商社会和城市化生活如此之近。

中国的工匠精神就是在此时大放异彩的。

大美中国 ｜ 元明卷

# 姹紫嫣红开遍

陈炎　主编
王小舒　　著

上海古籍出版社

图书在版编目（CIP）数据

姹紫嫣红开遍：元明卷 / 陈炎主编；王小舒著.
—上海：上海古籍出版社，2017.9
（大美中国）
ISBN 978-7-5325-8544-1

Ⅰ.①姹… Ⅱ.①陈…②王… Ⅲ.①文化史—中国
—元代②文化史—中国—明代 Ⅳ.①K240.3

中国版本图书馆CIP数据核字（2017）第174190号

大美中国　元明卷

# 姹紫嫣红开遍

陈　炎　主编

王小舒　著

上海古籍出版社出版、发行

（上海瑞金二路 272 号　邮政编码 200020）

（1）网址：www.guji.com.cn

（2）E-mail：gujil @ guji.com.cn

（3）易文网网址：www.ewen.co

上海中华商务联合印刷有限公司印刷

开本 787×1092　1/32　印张 12.375　插页 11　字数 175,000

2017 年 9 月第 1 版　2017 年 9 月第 1 次印刷

印数：1—3,050

ISBN 978-7-5325-8544-1

G·665　定价：52.00 元

如有质量问题，请与承印公司联系

# 前　言

　　过去在人们心目中，元朝是一个不怎么清晰的时代，甚至带着点神秘感。这些年兴起了历史热，在追寻历史踪迹时，人们又往往只关注他的某一些方面，比如战争与冲突，却忽略了其他的方面。

　　实际上，元朝是一个文化内涵极其丰富的时代，是民族冲突与民族融合并存、多元文化交汇互动的时代。在这种空前规模的交相融合过程中，产生出了崭新的艺术形态和审美文化。享誉全球的青花瓷便是这种文化的典型标志，而元杂剧又何尝不是元代文化的精彩名片？华夏文化就是借助于这些精美的工艺产品向西方频频传播的，而畅通的丝绸之路、往返繁忙的商业运输恰恰成就了这种文化传播。元代社会也因此变得生机勃勃。这一切，来自东罗马帝国的使者——马可·波罗，在他的《马可·波罗游记》中，描绘得栩栩如生。

历史往往就是这样，冲突与融合，战争与通商，黑暗和光明，紧密地交织在一起，争斗并存，互为依托，推动历史向前。当我们了解了这些，对元朝的审美文化，便会有深一层的体认。

推翻了元朝的大明政权俨然以文化正统自居，意欲重新恢复唐宋时期的秩序和辉煌。殊不知，明王朝面对的是一个全新的历史局面，农业化的中国正在向商业化和手工业化的中国转型，在经济发达的江南地区，手工作坊如林，中小城镇如雨后春笋般地冒出来，挡都挡不住。崇尚消费，喜欢变化，不愿墨守成规，一时间竟成了社会潮流，世道自此大变。

同时，随着城市化进程的发展，涌现出了一个崭新的社群——市民阶层，主要由商人和手工业者组成，他们和农民有着很大不同：崇尚变化、新奇，对生意和技能精益求精；同时又追求消费和享受，有着对新生活的热切憧憬。正是他们，创造出了一个繁华似锦的大明世界。

中国的工匠精神就是在此时大放异彩的。其实，工匠精神依托的恰恰是市民的观念和文化，追求个性，追求卓越，追求与士大夫平起平坐，以显示尊严。

面对如此日新月异的新世界，人们的生活观和审美观必然都在发生变化，旧的、传统的思想受到了严峻挑战。汤显祖在名剧《牡丹亭》中塑造的陈最良这个人物，抱残守缺，不愿与时俱进，是被嘲笑的迂腐的代表形象。

怎样才能适应新的形势，思想家们都在严肃思考，王阳明"心学"就是在这种形势下诞生的。传统只有和社会发展趋势相向而行，互为推助，才能成为时代的核心与灵魂，而这，必然是一个艰苦、长期的斗争和创造的过程。新和旧，进和退，变与不变，在明朝展开了全面的争斗，中国的近代文化发展的进程便是这样拉开序幕的。

# 目　录

元代昌盛的舞台大观

公元13世纪初，在漠北草原上出现了一个伟大的人物，他以钢铁般的手腕统一了分散四处的蒙古各族，建立起一个强悍的大蒙古国，这个人就是成吉思汗。历史赋予了成吉思汗以改变世界的使命，他毫不畏惧地带领自己的子孙，指挥着无坚不摧的蒙古铁骑，向所能达到的一切地域进行征服，"并西域，平西夏，灭女真，臣高丽，定南诏，遂下江南，而天下为一"（《元史·地理志》）。这股狂飙过后，一个空前庞大的帝国出现在东方的地平线上，它取《易》"大哉乾元"之意，号称"大元"。大元帝国彻底改变了三百多年中国分裂、局促的形势，扫除了日益纤弱、沉迷的文化空气，给中国大地吹进了草原上特有的勃勃生气，带来了有史以来最大规模的一次民族大融合。

中华民族各族之间的交汇在历史上已有过多次。元帝国建立之前，北方地区便先后存在着三个少数民族政权：华北契丹族的辽、西北党项族的西夏和略后来自东北女真族的金。这三个民族都属于北方游牧民族，他们和中原汉民族在互相碰撞、交流的过程中已经相当深地接受了汉族文化。辽之"典章文物、饮食服玩之盛，尽习汉风"（《续资治通鉴长编》卷一百四十二）。西夏的汉化程度虽不及辽，却也早就开始与汉人共处，"蕃汉相杂"，并接受了中原的农耕方式。金立国最晚，但在吸收汉族文化、尊崇学术方面做得比辽、夏更全面，也更系统，"正礼乐、修刑法、定官制，典章文物，粲然成一代治规"（《金史·章宗本纪》），"能自树立唐、宋之间"（《金史·文艺传》）。与之相应，中原地区的汉民族也不同程度地吸收了北方少数民族的文化，"民亦久习胡俗，态度嗜好，与之俱化"（范成大《揽辔录》）。然而，这种民族间的交汇、融合，其程度远不能与元帝国相比。元朝所控制的疆域，横跨欧亚，国土则包括西藏，北及今俄罗斯西伯利亚地区，南到泰国、缅甸部分地区，相当于今天中国的两倍。它把华夏所有的民族都聚集在一个大家庭内，甚至还扩散到了华夏以外的若干异族。

　　征服西域以后，生活在西北地区的各族大量地东迁，经由河西走廊陆续进入中原。他们中有畏兀儿人、哈剌鲁人、钦察人、康里人、阿速人、唐兀人、阿儿浑人、斡罗思人以及吐蕃人、乃蛮人、汪古人和回回人等，回回当中又包括信奉伊斯兰教的中亚突厥人、波斯人和西亚的阿拉伯人。东北地区的民族有高丽、水达达、兀者野、吉里迷等，西南地区则有白人、罗罗、金齿、百夷、苗、徭、么些、翰泥等民族，加上中原地区原有的汉、契丹、女真、渤海及新加入的蒙古族，在当时中国，实际上有几十个民族杂处混居在一起，奠定了今天中国多民族共存的局面。这些民族使用着不同的语言，拥有着不同的信仰和风俗，仅文字当时就有六种：梵文、藏文、八思巴文、畏兀儿文、西夏文和汉文。在如此巨大的文化差异背景之下，不同民族的人们于商业交流、互通婚姻、部族迁移等等活动中逐渐增进着了解，各自吸收着异质的文化因子，形成了一种极为丰富多彩的文化大交汇、大融合的局面，"混一华夷，至此为盛"！

元朝的民族大融合，情形与唐代并不相同。唐代各民族间的交流，是在平等、和谐的基础上进行的，文化气氛充满着浪漫的诗意，而元代的融合过程却大多是在民族压迫的形式下完成的，其中充斥着野蛮、欺凌、冲突，甚至血污，它是一个痛苦的过程。蒙古铁骑踏上中原土地之初，由于文化差异的悬殊，由于法令没有建立，由于当地军民的不时反抗，杀戮是随时都在发生的。待地位巩固、杀戮停止以后，接下来是将俘获的大量中原民众变为奴隶，奴隶虽比遭杀戮强一等，却同样是非人的待遇。陶宗仪《辍耕录》卷十七载："今蒙古、色目人之臧获男曰奴，女曰婢，总曰驱口。盖国初平定诸国，日以俘到男女匹配为夫妇，而所生子孙永为奴婢。"奴婢属于元代社会最低贱的一个阶层，其悲惨的境遇是可以想见的。除此之外，平民也有等级高低之分，元帝国按不同的民族把人分为四等，一等为蒙古人，二等为色目人，三等为汉人，四等为南人。色目人是指西北地区迁移过来的诸民族，所谓诸色名目人。他们与蒙古族的文化习性比较接近，且较早地被征服，故列于蒙古人之后。"汉人"指居住在中原地区的汉族人、契丹人、女真人和渤海人，由于长期混处，契丹等民族都已汉化，所以通称汉人。南人则指原南宋境内的汉族人以及居住在南方的其他少数民族。元代规定，地方长官的正职只能由蒙古人或色目人来担任，在法律上蒙古人、色目人受到保护，属于尊贵的人等，而汉人、南人却处于受歧视、受压制的地位，对他们的刑罚要严厉得多。

由于蒙古贵族和色目官员的文化水平低下，缺乏起码的法制观念，因此，在国家治理方面存在着严重的混乱和舞弊现象。叶子奇《草木子》卷四记载："官贪吏污，始因蒙古、色目人阅然不知廉耻之为何物。其问人讨钱，各有名目。所属始参曰拜见钱，无事白要曰撒花钱，逢节曰追节钱，生辰曰生日钱。管事而索曰常例钱，送迎曰人情钱，拘追曰赍发钱，论诉曰公事钱。觅得钱多曰得手，除得州美曰好地分，补得职近曰好窠窟，漫不知忠君爱民之为何事也！"这种毫无廉耻的公开掠夺、逼迫和杀戮行为所带来的已经不仅是一般的道德沦丧和世风败坏了，它使整个社会的价值观念发生动摇，人们判断事物的基本尺度和信念失去了平衡，一切伦理意识、观念体系都遭受到毁坏，处于混乱的状态。在这种形势下，各族民众的反抗情绪异乎寻常地高涨，对立和冲突充斥了整个社会。人们的反抗不但针对着民族和阶级的压迫，还扩及了更深的封建文化的层面，这就使得元代审美文化呈现出与前代完全不同的格局。

元朝恰是新的审美趋尚生成的时期。这种新的审美趋尚具有以下几个特点：其一，强烈的叛逆性。此种叛逆体现为对现存秩序的不屈和反抗，也体现为对整个封建伦理观念的嘲笑和否定。其二，丰富的包容性。这是指各民族之间不同文化因子的互相交融，彼此渗透，特别是草原游牧文化的粗犷、刚劲、勇于进取与中原农耕文化的细腻、含蓄、富有智慧和灵气相互结合，焕发出一种新的生气。其三，雅俗两大文化在一定程度上趋向合流。这主要是由作为雅文化载体的文人地位的变化引起的，同时它也是商品经济、市民社会发展的一种结果。中国文化史上雅文化占主导地位的局面至元代宣告结束，俗文化逐渐上升为主潮流，这种交替是中国文化走向近代的先兆。

# 1

## 百川归海

### 元杂剧在文化冲撞与交汇中诞生

　　每个时代都有自己独特的艺术形式，都有某种最能表达人们喜怒哀乐、倾诉内心感受的艺术类型。那么，元朝的时代艺术是什么呢？毫无疑问，是戏曲。在这个充满了悲剧性冲突的时代，高雅的诗、绮婉的词都已失去了往日的神采，不再撼动人心了，只有那从市井乡镇中走出来的戏曲才以其表现力极强的舞台形式，把人们带着血和泪的悲愤淋漓酣畅地喷吐出来，强烈地震撼人们的灵魂，成为一代文化之大观。

提起中国的艺术，人们首先想到的是温文尔雅，含蓄内蕴，这其实是雅文化的特色。在中国文化史上，雅文化一直是占据统治地位的。然而到元代，情况发生了变化，直率袒露、粗俗外向的戏曲占了上风，而代表雅文化的诗文却无可挽回地走向衰落，这是一个大的转折。这当中，北方的杂剧又首当其冲，最为引人注目，在此之前，尚没有一种艺术像它那样敢哭、敢怒、敢骂、敢笑，元代的三丈舞台凝聚的正是这个时代文化的精粹和灵魂。

**戏曲成长的曲折历程**　　中国的戏剧成熟得较晚，远远落后于诗歌、小说、舞蹈、讲唱等门类，也比西方戏剧的出现要迟得多。实际上中国戏剧的萌芽早就产生了，它走过了一段漫长而曲折的历程。早在原始社会阶段，中国就拥有了富于表现性的舞蹈，那种蒙着面具、带有人神交流内涵、颇具神秘色彩的舞蹈正是中国戏剧最早的源头。随着舞蹈中故事因素的增加，有一部分开始向戏剧方向逐步地转化。汉、唐时期是中国多民族文化昌茂繁盛的阶段，汉代的百戏集西域各种杂技表演为一体，丰富了舞蹈的形式和内容，而唐代的歌舞小戏则逐渐显露出了中国戏剧的雏形。戏剧与其他艺术门类不同，它的成熟还有赖于都市的繁荣与发达，这个条件至宋代开始具备。

随着商品经济的发展，宋代出现了一批商业化城市，市民阶层的人数急剧增加，真正意义上的世俗文艺就在这个基础上大大兴盛起来。当时各城市中都出现了专供民间艺术演出的固定场所，称瓦舍。瓦舍里又由栏杆分出若干演出区域，供各种技艺进行表演，这些技艺就称作勾栏艺术。中国的戏剧正是从瓦舍勾栏中壮大成熟起来的。在此类民间艺术中，有说书（当时称说话）、弹唱、杂技、舞蹈、傀儡戏等等。舞蹈演员包括杂技、武术的表演者，在演出时往往戴着假面、长髯，穿着各式各样所扮人物的服装，有

001　宋杂剧《眼药酸》图

的甚至以彩粉涂面，这些都使我们看到了后代戏
剧的影子。宋代勾栏中还有一种艺术，也称杂
剧，由数名演员表演，它其实是一种以滑稽调笑
为主的小戏（类似于今天的舞台小品）。在宋人
绘制的一幅杂剧演出图《**眼药酸**》（001）中，那
个头戴高桶帽，身背药袋，衣服上画了许多眼睛
的演员扮演的是一位治病的郎中，而另一位肩上

扛了一根棒子，腰后插把扇子的演员则扮演了一个庄民，这很可能是一个卖假药而导致治眼无效的闹剧。根据此图，可以想象当时宋杂剧演出的情景。北宋灭亡以后，原来的宋杂剧又演化成了一种称为院本的艺术。院本的内容比宋杂剧更为丰富，故事性也更强，但依然没有跨过戏剧这道门槛，没有转化为大型的舞台艺术，还是停留在滑稽调笑的水平上。

很显然，戏剧的成熟还在等待着某种因素的出现，在等待一个飞跃的契机。缺少了这个契机，中国的戏剧始终只是一种雏形，一个尚未出生的婴儿。那么，它究竟在等什么呢？今天，我们终于看清楚了，它在等待一个急风暴雨的时代，等待那个时代来冲决正统儒家艺术观的束缚，等待那个时代来打乱人们正常的生活秩序，等待着它造就一批天才的通俗文艺作家，一句话，它在等待自己的催生婆。元代的建立正满足了这一要求。13 世纪初蒙元铁骑的南下，使中国经历了一场由北而南的强烈的社会震荡，带有奴隶社会性质的残酷的种族统治打破了原有的温情脉脉的封建社会格局，飞扬跋息、肆无忌惮的军功贵族、权豪势要滥施暴虐，击碎了人们对统治阶层的崇敬和幻想，在这种情况下，广大民众产生了强烈的表达郁愤的欲望，于是，以表现叛逆和反抗为特征的元杂剧终于应运而生了。

元杂剧的诞生，正在金元之交。元代学者胡祗遹指出："乐音与政通，而伎剧亦随时尚而变。近代教坊院本之外，再变而为杂剧。"（《紫山先生大全集》卷八）陶宗仪也指出："金季国初，乐府犹宋词之流，传奇犹宋戏曲之变，世传谓之杂剧。"（《辍耕录》卷二十七）可见，元杂剧是在综合了多种艺术形式的基础上产生的，这是艺术史上的一次革命，一个空前的创举。

金院本是杂剧形成的主要母体之一。元杂剧继承了院本表演故事的因素，而扬弃了它滑稽调笑的主旨，恰如夏庭芝在《青楼集志》中指出的："院本大率不过谑浪调笑，杂剧则不然。……又非唐之传奇、宋之戏文、金之院本所可同日语矣。"其实，元杂剧与院本的区别还不仅在此。作为一种调笑为主的小戏，院本与乐曲、舞蹈的关系并不是很密切的，陶宗仪《辍耕录》所记录的院本名目中虽有和曲院本一类，但据王国维统计，题目中带乐曲名的总共只有60本，占院本名目总数十分之一不到。即使标有乐曲名的院本，其演唱或舞蹈因素也仍然应为调笑主旨服务，不会用来表现戏剧冲突和抒发人物的内心情感。元杂剧则不同，它是一种倾吐郁愤的艺术，唯有声乐演唱才能把人们满腔的愤懑尽情地喷泻出来，达到撼动人心的审美效果，所以演唱是绝对不可缺少的。这样，元杂剧在金院本之外，又吸收了诸宫调的体制。诸宫调乃是宋、金时期流行的一种讲唱文艺形式，它以多种宫调联套演唱的方式来表演一个故事，体制颇为宏大。所谓宫调是中国古代曲调的总称，即以黄钟、大吕等十二律，配宫、商、角、徵、羽、变宫、变徵七音，形成若干的调式。每个宫调都有一套曲子供演唱者选用（实际上元代只使用十多个宫调）。元杂剧所使用的曲子就是从诸宫调中移植过来的。它的体例实际上也受到诸宫调的影响，即一本四折，每一折使用同一个宫调里的曲子，四折用四个宫调。从某种意义上说，元杂剧就是金院本与诸宫调的合一，它奠定了中国的戏剧就是戏曲这样一个基本格局。

当然，实际上元杂剧吸收的技艺远不止于此，作为表现重大冲突的综合型舞台艺术，杂剧还吸取了其他多种通俗艺术形式，如舞蹈、百戏、宋杂剧、傀儡戏、影戏、说话等等，如前人指出的"有百川汇海之势"（盐谷温《元曲概说》）。这种空前的融汇与整合只有到了元代才成为可能。因为那个时代，人们产生了一种不可扼制的欲望，即王国维指出的"摹写胸中之感想与时代之情状"（《宋元戏曲史》），正是这种欲望导致了这一艺术奇迹的产生。如果说人生的大舞台召唤了戏剧的诞生的话，那么在艺术的舞台上，戏剧便是以表现叛逆的人生来作为报答的。

**自诩为鬼的作家群落**

元杂剧的成功首先应归功于天才的作家们，他们是一群不幸的天才。元代统治者轻视文化，在相当长的时期内停止了科举，这就使得文人

的地位急剧下降，当时有人分十等的说法，儒士
居第九，比娼妓还低，仅优于乞丐，其处境之悲
惨，可见一斑。很多人出于谋生的需要，转而从
事被视作下贱的杂剧创作，不少作家还加入了民
间的书会，如关汉卿、白朴、杨显之等是"玉京
书会"的成员，马致远、李时中等则是"元贞书
会"的成员，时人称他们为"燕赵才人"，或者
"书会先生"，元杂剧就是在他们手中成熟起来的。
这些人怀有满腹的才华，又带着一腔的郁愤，他
们不再向往和追随功名荣身、道德文章之类传统
士人的陈旧之道，而终于选择了一条叛逆之路。

朱经在《青楼集序》中说："我皇元初并海
宇，而金之遗民若杜散人、白兰谷、关已斋辈，
皆不屑仕进，乃嘲风弄月，留连光景。"关汉卿
就是他们当中最典型的叛逆者，他以浪子班头自
居，成天周旋于歌楼舞院、瓦舍勾栏之中，跟被
称为倡优的戏剧演员打成一片，有时甚至面涂粉
墨，穿戴戏服，走上舞台去演上一段戏曲，全然
不顾别人的讥讪。他在自己的《不伏老》套曲中
表白说："我是个蒸不烂、煮不熟、捶不扁、炒
不爆、响珰珰一粒铜豌豆。""我也会围棋、会蹴

鞠、会打围、会插科、会歌舞、会吹弹、会咽
作、会吟诗、会双陆。便是落了我牙，歪了我
嘴，瘸了我腿，折了我手，天赐与我这几般儿歹
症候，尚兀自不肯休。则除是阎王亲自唤，神鬼
自来勾，三魂归地府，七魄丧冥幽。天哪，那其
间才不向烟花路儿上走！"一副倔强、孤傲、玩
世不恭的姿态。其他作家也与关汉卿相仿，比如
王实甫："放形骸任自由，把尘缘一笔勾，再休
题名利友。"他的处世之道是："吃几杯放心胸村
醪酒，这潇洒傲王侯！"白朴与关汉卿同时，他
的人生态度更接近关汉卿，即拒绝仕进，玩世不
恭，有时他的话中还颇有一股狂客的劲头："徜
徉，玩世又何妨，更谁道，狂时不得狂！"稍晚
一点的马致远年轻时做过一阵功名梦，空忙了一
场后才醒悟过来："本是个懒散人，又无甚经济
才，归去来！"最终他选择了"酒中仙、尘外客、
林间友"的道路。

这些人都是旷世奇才，有满腹锦绣，处于这
样一个野蛮、污浊、黑白不分的时代，他们不约
而同地都成为社会的叛徒。当时有一个剧作家叫
钟嗣成的，把所有他熟悉的元曲作家的名字录下

来，编成了一本书，起名叫《录鬼簿》，他将这些作家称为"鬼"，说："余亦鬼也，使已死、未死之鬼，作不死之鬼，得以传远，余又何幸焉！"他称杂剧作家为鬼，似有两层含意：一是这些人门第卑微，又从事卑贱的俗文学创作，身份低人一等；二是与那些满口仁义道德的"正人君子"不同，他们都是些得罪圣门、反叛权威的人物。钟嗣成的意思是，既然这个世道不让人做人，就干脆做一回人间之鬼吧，偏要与这些自诩为人的权豪势要们作对！就是这样一批自称为鬼的作家把满腔的悲愤和人间的不平注入自己的笔下，谱写出一出又一出惊天地、泣鬼神的艺术杰作，向这个人鬼颠倒的世界发出了反叛的呐喊。

**身份卑贱的天才演员**

真正把杂剧艺术发挥到极致，令观众潸然泪下、魂动神摇的，是那些戏剧演员们。在古代，演员这个行当是被人瞧不起的职业，尤其元代，戏曲演员的地位竟与奴婢相等，"店户、倡优、官私奴婢谓之贱"（徐元瑞《吏学指南》）。随着院本转化为杂剧，滑稽让位于抒情，女演员的作用显得越来越重要。在元杂剧的角色分工中，男演员称为末，女演员称为旦，元杂剧规定，一个剧只能由一位演员演唱，女主角演唱的叫旦本，男主角演唱的叫末本。现存的元杂剧剧本中，可以发现，优秀的作品，旦本尤多，甚至有些末本戏也由扮作男装的女演员来担任。这些女演员全都是妓女出身，且大多隶属于教坊。她们在生活中出卖肉体，遭人凌辱，失去了人身自由，另外，出于谋生的需要，又要走上舞台，为人们奉献艺术，其身世的悲惨可想而知。从某种意义上说，这种境况也是元代文化命运之体现，高超、绝世的审美文化正是从最卑贱且受人欺压的社会底层升华出来的。元明间作家夏庭芝曾编写过一本《青楼集》，专门记载了当时一百余名女演员的情况，她们当中有"杂剧为当今独步"的珠帘秀，"闺怨杂剧为当时第一手"的天然秀，"杂剧为闺怨最高"的顺时秀，"记杂剧三百余段"的李芝秀，还有

"善杂剧，有绕梁之声"的赵真真，号称"小天然"的李娇儿，"旦末双全，杂剧无比"的燕山秀，以及"专工贴旦杂剧"的回族演员米里哈等等。这些地位卑微的女演员曾经创造过东方舞台上最耀眼的艺术，点燃起人们心中美和希望的火花，使元代杂剧成为一代之大观。

今天，山西省洪洞县明应王殿内还保留了一幅**元代的戏曲壁画**（002），画的上端写着"大行散乐忠都秀在此作场"，下面共绘制了十一个人物，除了幕后的一位外，前面十位都是戏剧演员。正中那位身穿红色官袍、手捧笏板、扮作男角的大概就是忠都秀吧，她应是当时颇有名声的一位女艺人。此外在这十人中还有三位女性，或扮男角，或扮女角，足见女演员在杂剧演出中的重要地位。

元代的女演员不但扮演社会上的各式人物，有时还扮演自己。我们知道，在元杂剧中有不少妓女题材的作品，对于这些演员来说，扮演妓女就是在表演自己，艺术与生活在此时完全叠合起来了。从生活的遭遇走向艺术的抗争，正是审美文化的真谛所在。《青楼集》里记载了这样一个

002　山西省洪洞县明应王殿元代戏曲壁画

故事，有一位女演员，叫樊事真，色艺双绝，名
动京华。当时为一位姓周的参议官所中意，两人
相好同处。不久周参议官回乡探问家室，临走，
训诫事真说："你务必自我保持，不可失身。"对
一位没有人身自由的妓女提出如此要求，可谓残

酷。而事真出于一片真诚，竟回答说："我若是有负于你，将刺瞎自己的一只眼睛。"周走后，有个权豪子弟三番五次上门，敲桌打凳，要挟事真就范。事真起初严词拒绝，坚决不肯，时间一长，终究抗拒不过，遂遭其凌辱。不久，姓周的参议官探亲返回，大为责怪，怒形于色。事真不堪詈骂，坦陈心曲："我岂不愿洁身自好，被豪势所逼，身不自由。今天再次相会，决不失信！"言罢，抓起身边的金篦，猛刺左目。顿时鲜血尽射，浸流满地。周为之骇然，呆立半晌，因求重修旧好。有作家感于此，创作了《樊事真金篦刺目》一剧，流传开来。这个故事可以看作元代戏剧演员生存状态的一个缩影。正是这样一批才艺双全的演员，和剧作家一起共同创造了元代满含着血泪和愤怒的舞台大观。

# 2

## 「怨气如火」
### 以叛逆为主旨的元代悲喜剧

　　元杂剧在一百年间达到了高度的繁荣，已知的作品数量近八百种，流传至今的还有一百几十种。可以发现，这些杂剧作品最突出的美学特征就在于强烈的冲突性。

　　我们知道，冲突本是戏剧艺术的普遍特征，但任何时代的戏剧都没有元杂剧的冲突来得激烈、集中、富有震撼力，这是一种无处不在的、全方位的冲突。从剧情的安排上，从人物的性格中，从充满抒情性的唱词里，到处都能感觉到那些显性和隐性的冲突，它们不仅仅是现实冲突的舞台再现，同时也是人们内心状态的一种形象化展露。自更高的层次上说，它是整个元代文化精神的一个缩影。元代一百余年的历史大部分时间正是处在冲突的状态中。这当中有民族的冲突，不同社会阶层的冲突，政府跟民众的冲突，文化观念的冲突，家族内部的冲突等等，其尖锐和剧烈的程度超过任何一个时代。元杂剧恰恰忠实而深刻地表现了这种冲突，它把社会冲突提到审美的高度，使这种冲突成为一种艺术，一种美，戏剧艺术本身的特质也同时充分地展现出来了。

冲突在元杂剧中可按对立双方力量的对比分为两种类型，凡正面的、善的、美的一方处于弱势，反面的、恶的、丑的一方处于强势，且后者压倒前者的，属于悲剧性的冲突；反之，前者处于强势，后者处于弱势，或者表面强大而实质上外强中干的则属于喜剧性的冲突。两种冲突虽然艺术风格、审美效果不同，但均带有鲜明的反正统和反权威的倾向。从这个意义上说，元杂剧的戏剧冲突实际上皆属于叛逆型的冲突。

**弱以抗强的悲剧冲突**　悲剧在元杂剧中占有特别显要的位置。作为中国悲剧的起端，它从一开始就与西方的悲剧表现出明显的不同。西方的悲剧特别是古典悲剧一般都是伟人的悲剧，就是说，戏剧的主人公都是身份高贵的人物，这几乎成了一条定律。意大利文艺复兴时期的戏剧家瓜里尼指出："悲剧是伟大人物的写照。"[1]英国现代著名戏剧理论家阿·尼柯尔也认为："要求悲剧有一个君主或一个大名鼎鼎的人作为它的主人公，不仅是古典主义戏剧的金科玉律，正如我们在前一章中已经提到的，中世纪人们的头脑里，几乎都有这样一个心照不宣的准则：所有的悲剧都是写帝王将相的。"[2]古希腊悲剧之父埃斯库罗斯的《被缚的普罗米修斯》、索福克勒斯的《俄狄浦斯王》、莎士比亚的《哈姆莱特》《麦克白》《李尔王》和《奥赛罗》等等，这些剧中的主人公不是天神便是帝王贵胄，根本见不到平民。所以西方悲剧的主题实际上是表现伟人的毁灭，以一种超出常人的奋斗、追求和最终灭亡来营造崇高的悲剧效果。

　　元杂剧的悲剧恰好相反，它主要描述的是平民百姓的遭遇，剧中绝大多数主人公不是伟人，而是市井、田庄中的小人物，与他们对立的，反倒是有权有势、横行一方的所谓大人物，像衙内、皇戚等权豪势要之流。从力量对比上说，前者弱小，后者强大，前者卑微，后者高贵，前者没有地位，后者掌握着社会的话语权和裁决权。总而言之，强者占有绝对的优势，而弱者则处于被打击或被欺凌的位置，这是一种平民的悲剧。然而，通过弱者对强者的反抗，同样营造了崇高的悲剧效果。当对立双方力量的对比达到高度悬殊的境况时，弱者的反抗就变得扣人心弦了。因为对手几乎是不可战胜的，主人公明知这一点，却又义无反顾，勇往直前，去拼死一搏，这反抗就有了一种惨烈、悲壮的意味。就如同中国神话传说中的精卫填海和刑天舞戚一样，其达到的审美效果必然是惊心动魄的。

元杂剧中悲剧的发生过程也有自己的特点，它一般都是由代表恶势力的强大一方首先发难，造成灾难压顶、无所逃遁且高度压抑的审美情境，将悲剧主人公逼至绝境，这就为主人公的反抗提供了特殊的条件。关汉卿的《蝴蝶梦》就是一例。剧中有一名叫葛彪的豪门权贵，他一上场就自我示示："我是个权豪势要之家，打死人不偿命。""有权有势尽着使，见官见府没廉耻。"摆出一副随时可能发难的架势。剧一开场，他骑着马在大街上闲逛，所有的行人都躲得远远的，没人敢靠前。此时从乡下进城的王老汉老眼昏花，不知就里，撞上了这位恶少的马头，葛彪顿时大怒："这老子是什么人？敢冲着我马头！好打这老驴！"于是跨下马来，不问青红皂白，挥鞭就抽。王老汉未及发一言，竟被活活打死。葛彪见老汉横尸街头，对着围上来的人群说："打死一个人只当是房檐上揭去了一片瓦，随你们到哪里去告我！"话毕，跨马扬长而去，一场人命案就这样造成了。武汉臣的《生金阁》也是较为突出的一个例证，剧中的庞衙内与葛彪一样，是个"累代簪缨之子"，"若打死个人如同捏死个苍蝇相似"。他看上了穷秀才郭成的传家宝物生金阁，公然夺为己有。这还不算，又见郭成的妻子长得美丽，淫意顿生，要强娶过来。郭成坚决不允，庞衙内竟用铡刀铡死了郭成。庞家的嬷嬷实在看不下去，背后骂了庞衙内几句，庞衙内闻见后，也把她捆绑起来推下井去淹死。

如果说上述两剧表现的只是两个家庭的悲剧，那么无名氏的《陈州粜米》则描述了凶恶势力与全体民众的对立。陈州因三年大旱，百姓挣扎在死亡边缘。朝廷命令开仓粜米，定下五两银子换一石细米，以示救灾。派去当地执行使命的乃是权豪势要刘衙内的儿子小衙内和女婿杨金吾，他二人置百姓的死活于不顾，竟改五两银子一石做十两银子一石，再往米里掺上大量泥土和糠秕，斗换成八升小斗，称银子的秤改作加三大秤，执意要发一笔民难财。当百姓们闻讯而来时，只见米仓前小衙内手持敕赐的紫金锤，横眉立目，虎视眈眈，谁敢与之争辩，"打死勿论"。
一面是陈州百姓生死垂危，命在旦夕，另一面恶
人气势嚣张，声焰熏天，构成了尖锐对立、令人
窒息的紧张气氛。在这种无所逃遁、濒临绝境的
情势之下，弱者的反抗终于爆发了。这是一种无
路可走、忍无可忍的反击，也是一种要求伸张正
义、白冤复仇的叛逆。《陈州粜米》中有这样一
句台词："柔软莫过溪涧水，到了不平地上也高
声！"这是老百姓心中的肺腑之言。当权威势力
把善良的人们逼到绝境时，向权威宣战就成了他
们唯一的选择。这种宣战尽管意味着毁灭，人们
也在所不辞，义无反顾。到这时，悲剧中最激动
人心的高潮便来临了。《蝴蝶梦》里葛彪打死了
王老汉，尸骨未收，王的老伴便带着儿子们找到
葛彪，说："使不着国戚皇亲，玉叶金枝，便是
他龙孙帝子，打死人要吃官司！"结果三个儿子
代行"官司"，一齐下手，打死了葛彪。在紧接
而来的公堂审讯中，王老太以一白发老人从容上
前，情愿上刑场替儿子抵命，至此悲剧气氛也就
推向了高潮。《生金阁》中的郭成被铡掉了头颅，
已成为无头冤鬼，但作者让他在舞台上提着头颅

到处追踪庞衙内，呼喊报仇，令那个恶棍心惊肉跳，不得片刻安定。

在元杂剧中鬼魂是频繁出现的，它一方面使悲剧气氛变得更为惨烈，另一方面，也至为强烈地显示了悲剧主人公的反抗情绪和叛逆精神。弱者一旦成为复仇者，死亡都无法使他们罢手。作为一种审美幻象，艺术在这里是高于生活的。《陈州粜米》的冲突更典型，贫民老汉张撇古在淫威面前指着鼻子痛斥那两个凶顽："都是些吃仓廒的鼠耗，咂脓血的苍蝇。""你道你奉官行，我道你奉私行，俺看承的一合米关着八九个人的命，又不比山麋野鹿众人争。你正是饿狼口里夺脆骨，乞儿碗底觅残羹，我能可折升不折斗，你怎也图利不图名？"小衙内被骂得恼羞成怒，挥起紫金锤，猛击张老汉，一边打，一边还称："把你那性命则当根草，打什么不紧！"张老汉被击成了重伤，吐血倒地，但毫不屈服，临死，依然高呼："难道紫金锤就好活打杀人性命？我便死在幽冥，决不忘情！待告神灵，拿到阶庭，取下招承，偿俺残生，苦恨才平。若不沙，则我这双鹡鸰也似眼中睛，应不瞑！"像张老汉这样的平民，在挟持皇威、前呼后拥的恶官面前，本来是不可能占据上风的，等待他的必然是毁灭。然而，正是这种高压情境下的勃然奋起，挺身抗争，使得全剧产生了一种崇高的美学气氛。这种气氛弥漫开来，强烈地感染着台下的观众，造成一种上下息息相通的情感交流。演员的表演越逼真、越投入，观众的共鸣也就越强烈，这是其他艺术类型如诗歌、小说所难以比拟的。

从这个意义上说，元杂剧的悲剧实际上就是生活中悲剧的舞台化、典型化，它把人们内心最真实、最强烈的意愿通过审美的形式表达出来了。戏剧的叛逆其实就是社会叛逆的一种折光，一种投影。

元杂剧的悲剧还有一点与西方悲剧不同，那就是绝大多数都有一个光明的结局。中国的老百姓历来相信"善有善报，恶有恶报"，正义必定能够得到伸张，让恶人滥杀无辜、狂施暴虐之后逍遥法外，是绝对不能接受的。这就是中国式悲剧具有光明结尾的文化心理依据。剧作家为此虚构出了一些主持正义的清官型人物形象，去执行人们期待之中的公正判决。包拯就是一个代表。

包拯在元杂剧中是权豪势要的死对头："我和那权豪们结下些山海也似冤仇。""我偏和那有势力的官人们卯酉。"陈州粜米这个案子最后就是由包拯论定解决的，他先用自己掌有的势剑斩死杨金吾，然后再令张老汉的儿子小撇古以牙还牙，用紫金锤打死小衙内，替陈州人民申了冤，也为老汉报了仇。《生金阁》这一无头冤案亦是由"日断阳，夜断阴"的包拯为郭成的鬼魂做主，将庞衙内押赴市曹，斩首示众。《蝴蝶梦》一剧则因包拯梦见大、小蝴蝶遭厄而受启发，最后释放了王家母子。

有人据元杂剧悲剧的这种结尾方式提出，这不能算悲剧，凡悲剧应该是以毁灭告终的。这显然是以西方的悲剧观念来衡量中国戏曲。其实西方悲剧的高潮在结尾，在悬念的最后揭示，也就是结果；而中国悲剧的高潮在过程，即在戏剧的中部，比如元杂剧的高潮一般都在第三折。西方的悲剧一般从开始起就酝酿气氛，准备条件，向着剧尾进发，当诸条情节线索都汇集到一起时，高潮才会出现，这个时机总是在全剧的最后。《俄狄浦斯王》《哈姆莱特》《奥赛罗》都是典型的例子。而元杂剧的悲剧到结尾时已是强弩之末，重大的冲突都在第三折中发生过了，最后只是一个收场和交代，是否属悲剧不能仅根据结尾来下判断。最明显的例子就是包拯。包拯这个形象实际上并不是主要角色，他往往到戏剧的最后才出现，其作用只在于给早已明朗的案情做一个了断，某种程度上相当于对事件做出评判。真正的悲剧冲突还是在前面。因此包拯的存在并不影响全剧的气氛，光明的结局也不可能改变悲剧的性质。东、西方悲剧观念的差异实际上反映了两种不同的文化心理。事实上两种形态都能造成强烈的悲剧效果，而中国式的悲剧更能迎合中国观众的审美心理，具有鲜明的东方文化的特征。

**惊天动地《窦娥冤》**

震动最大的悲剧恐怕要数关汉卿的《窦娥冤》了。然而这出戏的主人公窦娥既不是什么有头有脸的大人物，也不是性格外向刚烈的男子汉，而是一位无依无靠、温顺本分的家庭妇女。她3岁死了娘，7岁被父亲卖与蔡婆抵债，做了童养媳，17岁丈夫病故，又成为寡妇。对这一切，窦娥都逆来顺受，默默地屈从了，"我将这婆侍养，我将这服孝守，我言词须应口"。如果故事就这样发展，它顶多只是一出普通的苦情戏而已，不可能成为具有震撼力的悲剧。

窦娥真正的悲剧是从反抗开始的。泼皮、无赖张驴儿父子借一个偶然的机会闯进了蔡家，耍出流氓手段，要霸占蔡氏婆媳二人。蔡婆慑于威势，被迫应允。但窦娥却坚决拒绝了。她开始与强大的现实对抗："婆婆，你要招自招，我并然不要女婿！"一旦窦娥停止顺从，悲剧性的冲突就拉开了帷幕。接下来的打击接踵而至。张驴儿为达到霸占窦娥的目的，在食物中下毒，企图毒死蔡婆，未想竟误杀了自己的父亲。这个无赖乘势再次威逼窦娥，或是顺从，或是见官，"你要官休呵，拖你到官司，把你三推六问，你这等瘦弱身子，当不过拷打，怕你不招认药死我老子的罪犯"！窦娥毫不犹豫地选择了对抗，她要在官府的大堂上与恶人争个黑白是非，讨还一个公道。然而，这一天真的愿望也很快破灭了，那个只知收取金银的昏官桃杌不分青红皂白，上来便拿柔弱的窦娥开刀。一次又一次鲜血淋淋的拷打令窦娥死去活来，"一杖下，一道血，一层皮"。窦娥依然不肯屈服，她已准备为自己的清白和信念殉身。可是，在桃杌打算向年迈的蔡婆用刑时，出于对婆婆的怜悯和孝顺，窦娥不得不含冤承认自己犯下了杀人罪，于是被判斩首示众。

无论窦娥怎样争辩和抵抗，她总是无法逃脱社会这只怪兽的血盆大口，一个善良的、似乎微不足道的生命顷刻间就要被吞没了。就在刽子手的屠刀即将举起之时，这个弱小的女人竟然爆发出了震动乾坤的呼喊，迸射出一片电闪雷鸣般的光芒：

> 有日月朝暮悬，有鬼神掌着生死权。天地也，只合把清浊分辨，可怎生糊涂了盗跖颜渊：为善的受贫穷更命短，造恶的享富贵又寿延。天地也，做得个怕硬欺软，却原来也这般顺水推船。地也，你不分好歹何为地？天

也，你错勘贤愚枉做天！哎，只落得两泪涟涟。

不是我窦娥罚下这等无头愿，委实的冤情不浅，若没些儿灵圣与世人传，也不见得湛湛青天！我不要半星热血红尘洒，都只在八尺旗枪素练悬。等他四下里皆瞧见，这就是咱苌弘化碧，望帝啼鹃。

你道是暑气暄，不是那下雪天，岂不闻飞霜六月因邹衍？若果有一腔怨气喷如火，定要感的六出冰花滚似绵，免着我尸骸现。要什么素车白马，断送出古陌荒阡！

你道是天公不可期，人心不可怜，不知皇天也肯从人愿。做什么三年不见甘霖降，也只为东海曾经孝妇冤。如今轮到你山阳县。这都是官吏们无心正法，使百姓有口难言。

这场冲突的确是至弱对至强，至柔对至刚，而其悲剧价值也正在这里。伟大的戏剧家关汉卿设计了中国戏剧史上最具悲剧气氛的一幕，满台飞雪，悲歌环旋，人神共愤，天地失色。那满台飘舞的雪花把主人公一腔的悲愤洒向了观众，洒向了人间。一个弱小的窦娥竟成为元代悲剧中一道最为耀眼的强光。

**社会型喜剧与
伦理型喜剧**

如果说，悲剧的叛逆属于一种绝望的反抗的话，那么喜剧的叛逆则是对旧权威的鄙弃和对未来新生活的渴望。在悲剧冲突中，大人物是强悍而残暴的，可是到了喜剧冲突中，他们又变得愚蠢而无能，丑态百出，遭人嘲笑。其实权豪势力正具有两面性，一面凶残强暴，不可一世；另一面则是外强中干，内心发虚。元杂剧中的喜剧正体现了平民战胜邪恶、争取正常生活的信心。在喜剧中你会强烈地感受到那来自底层的、像烧不尽的野草般的生命活力，感受到那自苦难中发出来的乐观的笑声，以及充满智慧的幽默和满怀辛辣的讽刺。中国喜剧与悲剧一样，也是从元杂剧发端的，它扬弃了宋杂剧、金院本滑稽调笑、插科打诨的表演方式，将构造喜剧冲突与塑造喜剧人物性格作为主旨。这样，它就与悲剧具备同等的艺术价值和美学成就。

与西方喜剧相比，元代的喜剧也有着自己鲜明的东方特色。按照西方权威的美学理论，喜剧的使命在于暴露和讽刺。亚里士多德说过："喜

剧总是模仿比我们今天的人坏的人。"[3]英国戏
剧理论家马丁·艾思琳进一步指出："在笑剧里，
人物肯定地为观众（不仅为观众，也为演员）所
不齿。"[4]由这些喜剧观念支配，多数的西方喜
剧都是以被嘲弄和讽刺的人物做主角，比如古希
腊阿里斯托芬《骑士》一剧中的管家帕费拉贡，
莫里哀《伪君子》中的达尔杜弗，《吝啬鬼》中
的阿尔巴贡等。元代的喜剧则不同，它的主人公
都是正面人物。也就是说，在鞭挞和嘲笑恶人的
同时，中国的喜剧还致力于歌颂和赞扬那些杰出
的人物，它是在双方的冲突过程中同时完成上述
两种功能的。在这一点上，莎士比亚的喜剧倒是
与中国的喜剧比较近似。

元杂剧的喜剧按照冲突的性质又可分为社
会型冲突与伦理型冲突两类。社会型冲突的本
质与悲剧冲突相同，然而气氛、境况、情势和
审美效果又完全不一样。剧中的邪恶势力虽然
敢于发难，制造争端，却无法形成一种黑云压
城、灾难灭顶的势态，这是因为所谓大人物的
行为，从一开始就是愚拙的，低劣的，他们虽
然在力量上占有优势，在智力上却处于劣势，

而喜剧主人公则以超人的胆量和智慧掌握着整个斗争的主动权。于是这类冲突就成了一种智力的较量。在较量中大人物丑态百出，自食其果，主人公最终获得胜利，创造出一种喜剧性的审美效果。

由于元代的喜剧通过笑来否定既存的现实，同时又以此来肯定平民的反抗，它其实属于一种充满自信的叛逆。关汉卿的喜剧可以被视为一种范本。他有一出戏叫《望江亭》，于中塑造了一位美丽、聪慧、名叫谭记儿的民间妇女。新婚不久，谭记儿便遇上了麻烦，有权有势的杨衙内听说她长得美丽，一心要占为己有，毁坏这个家庭。杨衙内从皇上那里获得了势剑金牌，带着手下来取谭记儿丈夫的首级。谭记儿知道杨衙内并不认识自己，于是决定将计就计，智斗对手，"你道他是花花太岁，要强逼的我步步相随。我呵，怕什么天翻地覆，就顺着他雨约云期。这桩事，你只睁着眼儿觑着，看怎生的发付他赖骨顽皮"！她装扮成一个渔妇，系上围裙，提着三尺鲜鱼，来到江边杨衙内饮酒处望江亭，自称"张二嫂"。愚蠢的杨衙内一见大喜，先让谭记儿为其脍鱼，而后又拉她入席饮酒，寻欢助兴。机智的谭记儿与这几个好色之徒巧妙周旋，毫无惧色。她趁杨衙内得意忘形的当口，以治鱼为由骗取了势剑金牌，接着又乘势灌醉这几个歹人，然后从容脱身。杨的阴谋不但没有得逞，而且落得一个被人嘲笑的下场。

在元代喜剧中，主人公始终具有一种心理优势，能够将对手玩弄于股掌之上，对手的身份越高、架势越大，就越显得愚蠢可笑、丑态百出。由于势剑金牌之类总是象征着最高权力，所以这种喜剧明显地具有嘲弄皇权、蔑视权威的意味，它虽与悲剧的审美效果不同，其内在精神却又是完全一致的。

关汉卿另有一出妓女题材的喜剧《救风尘》，写得更为深刻。这部作品采用双线结构，描写了两个妓女形象。年轻的那位叫宋引章，她在寻求脱离苦海、嫁人从良的过程中看中了官僚子弟周舍。周舍乃是风月场中的老手，表面上甜言蜜语，内心里凶狠毒辣，喜新厌旧。他将宋引章娶回家中，不久便拳脚相加，横施暴虐。宋引章无处申诉，只得向结拜姐姐赵盼儿求救。赵盼儿与宋引章不同，性格泼辣，聪颖老练，她设下了一个风月救风尘的妙策："我索合再做个机谋，把这云鬟蝉鬓妆梳就，还再穿上些锦绣衣服，珊瑚钩，芙蓉扣，扭捏的身子别样娇柔。""不是我说大口，怎出得我这烟月手！"周舍经不住赵盼儿的诱惑，乖乖地被牵着鼻子走，给宋引章写下了休书。当他回头再找赵盼儿成亲时，却受到了赵的辛辣嘲笑："俺须是卖空虚，凭着那说来的言咒誓为活路。遍花街请到娼家女，哪一个不对着明香宝烛？哪一个不指着皇天后土？哪一个不赌着鬼戮神诛？若信这咒盟言，早死的绝门户！"结果，周舍闹了个扁担脱扣，两头空。赵盼儿以妓女惯熟的风月手段来勾引周舍上当，这个情节本身是意味深长的。从主人公来说，妓女的谋身手段变成反抗与自卫的武器，受人摆布的倡优也有扬眉吐气的时候。从周舍来说，赚惯别人的骗子遭人骗，竟然栽在了自己一贯欺凌的风尘女子身上。这是一曲绝妙的反抗者复仇的喜剧，卑贱者的凯歌。戏里的中心人物是赵盼儿，作者在塑造这个人物时，也写出了她内心深埋着的悲哀。赵盼儿是一个聪明、机智、充满自信的女子，她能够救姐妹出火坑，却无法拯救自己出风尘，能视官僚权贵为粪土，却无法去除作为一个风尘女子的自卑和内责。作者通过赵盼儿表白式的唱辞揭示了这个人物形象深层的文化底蕴。当喜剧作品集中对人物性格进行刻画和描写时，喜剧本身的文化含量就大大地增强了，它不但给人以感性的愉悦和享受，同时也予人以理性的提示和启迪。

伦理型的喜剧与社会型喜剧不同，它一般是以爱情、婚姻作为题材的，它的对立和冲突没有社会型冲突那样激动人心，富有震撼力，多发生在家庭成员之间，但其反抗的对象却是所谓神圣的封建伦理道德，因此具有更深一层的叛逆性质。元代是一个封建纲常松动的时代，社会上反抗礼教束缚、追求个性自由的呼声普遍高涨，并衍化成为文艺创作的一股潮流。元曲四大家之一的白朴的《墙头马上》就是这样一出名剧。此剧取材于唐代白居易的新题乐府诗《井底引银瓶》，原诗叙述了一对青年男女不经媒妁之道，私下结合却又最终分手的故事。
原作者称这种自由恋爱的行为是"淫奔"，明显
持反对态度。他在诗的结尾说："寄言痴小人家
女，慎勿将身轻许人！"意图通过这首诗劝喻所
有自由恋爱、私订终身的年轻人。而白朴却反
其道而行之，把这个故事改编成一个喜剧，并
塑造了李千金这样一个性格鲜明、敢作敢当的
艺术形象。李千金本是官宦人家出身的大小姐，
但全然没有大家闺秀的矜持、含蓄。她在花园
墙头与墙外马上的裴少俊一见钟情，当晚就跟
裴私奔，去了裴家。此剧的冲突发生在裴少俊
的父亲裴尚书和李千金之间。裴尚书治家甚严，
发现二人的"私情"后火冒三丈，将一切"罪
责"推到千金的身上，他不但对千金百般责难，
而且逼着儿子写下休书，与千金分手。由于少
俊的软弱，李千金被迫离开了裴家。

如果说第一个回合裴家占了上风的话，那
么第二个回合就轮到李千金来回敬裴氏父子了。
裴少俊考中状元后，心中依然惦念着心爱之人，
于是找到李千金处，这回轮到李千金来责难裴
少俊了："他那里谈天口喷珠玉，一划的者也之

乎，他那三昧手能修手，模读五车书，会写休书。""我本是好人家孩儿，不是娼人家妇女，也是行下春风望夏雨，待要做眷属。枉坏了少俊前程，辱没了你裴家上祖。"当初裴尚书搬出来的一切"罪名"，加上少俊"反戈一击"的"义举"，到此一一"完璧归赵"，反扣到裴家的头上，弄得状元郎狼狈不堪，无地自容。裴尚书此时也不得不放下架子，赶到李家，为了全家的和睦，向媳妇赔罪，以求宽恕。这一回反击，骂中带笑，酣畅淋漓，把貌似神圣的封建伦理打了个落花流水，大大张扬了爱情的神圣与不可战胜，替所有敢于追求幸福的妇女着实地出了一口气。

王实甫的《西厢记》比起白朴的《墙头马上》来，情节更为复杂，文化内涵也更为深刻。该剧取材于唐元稹的传奇小说《莺莺传》，但对其主题和情节进行了重大改编。作者采用多线交叉的形式，设计了两个层次的冲突。第一层次的冲突发生在张生、莺莺、红娘三人与崔老夫人之间，它是两代人在婚姻观念上的较量。张生与莺莺邂逅相逢，互相倾心，要求婚姻自主，自由结合。老夫人则寡恩少情，冷若冰霜，一心想着相国家谱、门当户对。普救寺之难，老夫人亲口许下张生与莺莺的婚事，一转脸便赖得一干二净，反而逼女儿嫁给自己的侄子，一个不学无术的"贵族子弟"郑恒。作者一方面充分展示老夫人的顽固乖戾，另一方面也写出了她的愚钝笨拙。三个年轻人联合起来向她展开了一波又一波充满风趣的斗争。特别是崔家的丫鬟红娘，这个人物浑身散发着青春的活力，充满了喜剧色彩。"拷红"一折，她反唇相讥，搬出孔夫子的语录来责问老主人："信义是做人根本"，"'人而无信，不知其可也'。老夫人既然许人婚事，怎么可以违背圣人的训示呢？眼下生米已煮成熟饭，夫人若不肯成就好事，结果是你自己辱没了相国家谱，官司一旦问罪下来，也会追究您老夫人自己治家不严、背义忘恩之罪，有什么益处呢？"这套"一本正经"的大道理从一个使唤丫头嘴里说出来，煞有介事地教训老夫人，叫人捧腹不止。严不可犯的崔老夫人在红娘责问下，只好低头认输。

　　另一个层次的冲突，发生在青年人自己身上。张生疯疯魔魔，是个情种，同时又有书生的软弱和呆气；崔莺莺为大家闺秀，性格内向，既萌动着对美和爱情的向往，又有家教的约束和自警，两个冤家恩恩怨怨，经过一番误会性的碰撞，终于携手冲破了礼教的束缚，赢得了爱情的胜利。最可爱的依然要数红娘，她是个满场飞的角色，性情泼辣，口快牙利，毫无顾忌，全无遮拦，崔张二人都曾受到她火辣辣的帮助和支援。她笑张生"文魔秀士，风欠酸丁"，"酸溜溜螫的人牙疼"，又揭穿小姐的假正经，"对人前巧语花言，背地里愁眉泪眼"，"把似你使性子，休思量秀才，做多少好人家风范"。这个风风火火的人物使全剧的喜剧气氛更加浓厚，与之相关的叛逆主题也显得更为突出了。

　　上述两部伦理型剧作皆取材于唐人作品，而且不约而同地改变了原作的精神，这就透露出一种文化信息，正统的儒家道德观在元代已受到了挑战，一种新的文化价值取向正在形成。

〔1〕 《悲喜混杂剧体诗的纲领》,《世界文学》1961 年 9 月号。

〔2〕 《西欧戏剧理论》, 中国戏剧出版社, 1985 年版。

〔3〕 《诗学》, 罗念生译, 人民文学出版社, 1982 年版。

〔4〕 《戏剧剖析》, 罗婉华译, 中国戏剧出版社, 1981 年版。

# 3

## 刚柔相济

### 南戏在北南大交流中成熟

　　杂剧并不是元代唯一的戏剧。在元杂剧盛行于北方，继而风行于天下之时，南方沿海地区也在流行着另一种戏曲，这种戏曲当时称作戏文，为了与北方杂剧相区别，人们也称之为南戏。在元代，南戏远没有北杂剧风光，成就也差得远，但是要论产生的时间，它实际上比北杂剧更早，而且随着南北方的统一，文化交流的扩大，它不断地吸收北方戏曲的优长，努力发挥自己的特色，后来居上，最终又超过了北杂剧。这一个南北交替的过程，体现了北方文化与南方文化的相互交融，因此也更多地有了综合性的色彩。

南戏诞生于南、北宋之交，即公元12世纪初叶。明代祝允明《猥谈》中说："南戏出于宣和之后，南渡之际。"徐渭《南词叙录》中也有类似的说法。它的诞生地当在今天浙江省的温州，因为南戏最早被称为"温州杂剧"或"永嘉杂剧"，隋代以前，温州又称永嘉。温州地处东南沿海，南宋时已成为重要的对外通商口岸，经济相当繁荣。加上该地历史上有"尚歌舞"和"敬鬼乐祠"的风气，所以这个地区产生中国最早的戏剧并不是偶然的。

与北杂剧从讲唱艺术诸宫调移植戏曲音乐不同，南戏的音乐是直接从南方的民间歌曲当中提取而来的。根据现存的南戏剧本，我们看到这样的曲牌：《林里鸡》《水车歌》《山歌》《生姜芽》《赵皮鞋》《瓦盆儿》《货郎儿》《吴小四》等等，仅仅从乐曲名称上就使人感受到浓厚的南方乡村的气息。虽然音乐已无从了解，但这些曲调具有浓郁的南方色彩应是没有问题的。最早的南戏其实就是一种地方气息浓厚的歌舞小戏。后来，它又吸收了流行于宋代的词曲，如《点绛唇》《浣溪沙》《虞美人》《风入松》《一剪梅》《念奴娇》《沁园春》《满江红》等等，加上对宋杂剧以及傀儡戏等艺术种类的吸收，融雅俗为一体，不断成熟、发展，逐渐走向了更为广阔的世界。

南戏获得比较大的发展，应该是它进入杭州（当时称临安）之后。作为南方政治、文化的中心，杭州当时汇聚了种类繁多的艺术，勾栏、瓦舍的设置又为这些艺术提供了展示的场所。南戏大量采用词体音乐，应该就在这个时候。这个阶段它又吸收了大曲、唱赚以及诸宫调等多种艺术形式，通过不断的调整，南戏终于在杭州站住了脚跟，继而从这里传布到了今天的浙江、江苏、江西、安徽、福建等一大片南方地域，发展成为一个大型剧种。

**南北乐曲的混合交融**

南戏和北杂剧都是中国最早的戏剧，且生存于同一时间跨度之内，但它们的音乐却有着很大差异。风格上，杂剧乐曲产自北方，它吸纳了大量西北少数民族的音乐，风格苍劲激越，富有阳刚之气。南戏的音乐则属于单纯的汉族乐曲，加上地域的原因，其风格清丽宛转，富于阴柔之美。伴奏上北曲以琵琶、筝等弦索乐器为主，配之以锣、板、鼓、笛，而南戏则以笛、鼓、板三者为主，配以弹拨乐器。演奏时北曲的节奏较为急促，唱辞也较为密集，南曲则节奏舒缓，演员演唱时好拖腔，一般用板来控制节拍。明代作家王世贞在《曲藻》中曾对此有所评说：

> 凡曲，北字多而调促，促处见筋，南字少而调缓，缓处见眼。北则辞情多而声情少，南则辞情少而声情多。北力在弦，南力在板。北宜和歌，南宜独奏。北气易粗，南气宜弱。大抵北主劲切雄丽，南主清峭柔远。

南、北音乐的风格差异应该说由来已久。南北朝乐府中就已经体现出来了，而金、宋时期的南北分裂，西北游牧民族音乐的大量涌入，使得这种差异进一步扩大。戏曲诞生后，受到上述因素的影响，自然形成了北曲和南曲的差别。南北曲的差异实际上正是南北文化差异的体现。

在演唱方式上，南北也有区别。北杂剧比较严格，一部戏只能由一个演员演唱，这种形式显然是由诸宫调演变而来的。另外每折只用一个宫调，每部戏规定使用四个宫调。南戏的演唱则比较灵活，它的体制、结构较杂剧大许多，一般有四五十出，可以由多人演唱，而且人数不限，这对塑造不同人物的性格，是更为有利的。南戏的演唱方式也多样化，有独唱、对唱、轮唱、合唱，还有后台帮腔式的陪唱，这方面南戏显然是具有优势的。

尽管在若干方面南戏占有优势，并且取得了相当的发展，但是直到南宋末期，它的成就依然很有限，存在着明显的粗糙和拼凑的痕迹，远不能与当时北方的杂剧相媲美。究其原因，一是南宋理学的发达，对戏曲起了压制和阻碍的作用。在理学家眼里，戏曲是伤风败俗的，是"淫戏"。据祝允明《猥谈》记载，当时曾有一个叫赵闳夫的官员出榜禁止过《赵贞女蔡二郎》等一批最早的南戏。此外朱熹在福建漳州任职时也曾禁过戏，他的学生陈淳甚至上书，建议朝廷对戏曲"严禁止绝"[1]。另一方面，南戏创作缺少优秀作家的参与。徐渭在《南词叙录》中说："南易制，罕妙曲；北难制，乃有佳者，何也？宋时，名家未肯留心，入元又尚北，如马、贯、王、白、虞、宋诸公，皆北词手。"南宋并非没有优秀的作家，他们在诗、词、散文领域创造的成就是相当可观的，但是，由于社会没有发生像北方那样的剧烈变动，文人士大夫的观念仍然停留在传统的旧框框里，所以对这种勾栏瓦舍里成长起来的通俗艺术很少有人去关心，"士夫罕有留意者"（徐渭《南词叙录》），南戏未能产生与北杂剧相媲美的优秀作品也就不足为奇了。由此可见，一种艺术的兴起和发达，与它所赖以生存的社会文化环境、与人们的审美风尚都有十分重要的联系。南戏无疑不属于宋代审美文化的主流。

南戏迅速成熟起来，并由南方走向全国是在元统一南北之后。这次空前的中华版图的大一统、华夏民族的大聚合带来了南北文化的大碰撞和大交融，戏曲遂成为这种碰撞和交融的一个典

型范例。一旦人为的鸿沟被填平，交流的渠道被
打通，北杂剧必然大举南下，把北方艺术的结晶
带给南方的民众，令他们耳目一新。而南戏也随
之北上，将新鲜、活泼的南方戏曲带给中原大
地，这是一种双向的交流、双向的吸引。在这个
过程当中，可以想象，南北双方的新奇感和认同
感都是空前的。事实上，在这场南北双方的大交
流当中，得益最多，收获最大的还是南戏。因为
北杂剧的体制在那时已经高度成熟且定型，创作
上也达到了高峰，杂剧对南方艺术的吸收相对来
说是有限的，大概主要集中在对部分南戏剧本的
改编上。而南戏还处在变动的状态中，整体水平
比北杂剧又差了一大截，面对这样一个高强的对
手，它更需要努力地学习和提高。从某种程度上
说，南北交流的过程也是一个竞争的过程。经过
半个多世纪的吸收与调整，南戏由弱到强，靡然
向风，终于超过了北杂剧，这与它大胆地融合南
北戏曲之精华，集一代戏曲艺术之大成的实践是
分不开的。

　　南戏对北杂剧的吸收最显著地体现在对北曲
的引进上。我们知道，北曲的音乐偏于遒劲雄

放，南曲的音乐则多温丽宛转，南曲引进北曲，
一定程度上就实现了刚柔相济，急缓兼容，成为
一种综合之美。这种引进并不是机械和刻板的，
而是根据剧情的需要，实行适当的搭配，该悲壮
激烈的地方用北曲，该温柔缠绵的地方用南曲，
这样，剧情的表达便更为贴切、动人了。比如南
戏名作《拜月亭记》的第七出《文武同盟》中，
金朝将领陀满兴福遭人诬陷，被朝廷追杀，濒于
绝境，这时作者连续用了北曲里的 ［绛都春］、
［混江龙］、［油葫芦］、［六么令］等数支曲子来
表现主人公当时的惨痛之情，就显得恰到好处。
试举 ［油葫芦］一曲：

> 则见几个巡捕弓兵如虎狼，赶得俺慌上慌，忙上
> 忙。天哪，这场灾祸，无可提防。见那厮恶吽吽手里拿
> 着的都是枪和棒，唬得俺战兢兢小鹿儿在心头撞。这壁
> 厢无处隐藏。将俺这锦红袍，锦红袍放在枯桩上，跳过
> 这粉墙，恰便似失路英雄楚霸王。教俺兴福慌也不慌？
> 不觉来到花影傍。

像这样紧张、急促的情绪由雄劲的北曲来表现显
然是恰当的，如改用南曲，效果必定要差许多。

然而此剧大多数采用的仍然是南曲，作为表现聚散离合的悲情作品，如此的安排无疑又是合适的。除此之外，现存的南戏剧本还有南北曲相间的合套形式，这也是南北音乐合流的一种模式。此处举《小孙屠》一作第九出中的曲牌为例：

北曲［新水令］，南曲［风入松］，北曲［折桂令］，南曲［风入松］，北曲［水仙子］，南曲［犯衮］，北曲［雁儿落］，南曲［风入松］，北曲［得胜令］，南曲［风入松］。

此种合套方式在其他南戏剧本里也有。如果说永嘉杂剧吸收词曲是南戏发展的第一阶段的话，那么南北曲的合套就是南戏发展的第二且是更为重要的阶段。第一个阶段体现的是雅俗交融，是下里巴人与阳春白雪的汇合，第二阶段则是两大地域文化的合流，是两种审美风格的大交汇，它使南戏的表现能力上升到了一个崭新的境界。

除了音乐方面的借鉴外，剧本的改编也是南戏受北杂剧影响的一个重要方面。我们将现存的南戏剧目跟北杂剧剧目做一个对照，题材相同的作品竟多达几十部。这当中有一些是北杂剧改编南戏的，还有个别属于故事流传过程中，南北双方不约而同各自创作的，但是多数作品应该是南戏继承并改编了北杂剧。最负盛名的元代所谓"四大传奇"剧，其中三部均是由北杂剧改编而成的，《拜月亭记》（又名《幽闺记》）脱胎于关汉卿的《闺怨佳人拜月亭》，其中还保留了关作的精彩曲文。《白兔记》当改自刘唐卿的《李三娘麻地捧印》（刘作现已不存）。另一部《杀狗记》改编于萧德祥的《杀狗劝夫》，它也是一个发生在北方的故事。从《赵贞女蔡二郎》《张协状元》这样粗糙的早期作品发展到名播天下的四大传奇，没有对北杂剧艺术的学习和继承，没有不断的综合、改进和提高，可以说是根本不可能的。北方艺术不仅带来了成功的经验，而且也把新的审美观念带到了南方。一方面是北杂剧影响的深入，另一方面是南戏水平的提高，它们使得世人对戏曲的看法自然而然地发生了变化，过去那些不利于戏曲发展的社会因素，逐步地销声匿迹了。就在这种形势下，南戏凭借着南方雄厚的经济实力，凭借着南北文化交汇产生的新的艺术活力，逐渐进入了它的黄金时期。

**对家庭和
个人命运的关注**

北杂剧是一个充满了剧烈冲突的、涌动着反抗和不平之气的艺术世界，南戏的世界似乎有所不同，一方面它也有和北杂剧相同或类似的题材，如《包待制陈州粜米》《赵氏孤儿报冤记》《关大王独赴单刀会》《秦太师东窗事犯》等等，表现了尖锐的民族矛盾和严酷压迫下的不屈与反抗，而另一方面，它的重点似乎又有所转移，只要看一下现存的二百多个南戏剧目，就会发现，数量最多、占了三分之一以上的是婚姻家庭类的作品，而且今天留下来为数不多的南戏精品，包括四大传奇在内也全部是此类题材的作品，这就鲜明地体现了南方戏剧的审美特色。

实际上到了元代后期，统治者已逐渐改变了原初野蛮的治理方式，认同了传统的儒学意识形态，在这种形势下，民族间的冲突渐渐地被民族间的融合所替代，社会性的冲突渐渐被家庭、个人间的矛盾所替代，戏剧对现实的批判和叛逆也自觉不自觉地转向了更深的文化观念层次。南戏在元代后期受到普遍的欢迎和青眛，恐怕与这种审美关注的转移有着相当密切的关系。

其实早在南宋时期，婚姻家庭类题材就成了南戏的主流，但是那时的主题与元代完全不同，宋代作品几乎无一例外地集中在对“负心汉”的指责上，所谓“朝为田舍郎，暮登天子堂”，读书人因科举考试而地位骤变，抛弃结发之妻，这是宋代通俗文学抨击的重要对象，该类现象进入元代之后实际已不再成为突出的社会问题。同样是婚姻家庭题材的作品，元代戏曲所关心的是社会动乱、亲人离散下的家庭遭遇。事实上所有的人都在经历苦难，包括男人和女人。在这种境况下，人们如何对待爱情，如何对待难以把握的命运，如何追求属于自己的人生，如何维系那处于风雨飘摇中的家庭，这些才成为作者和观众真正关心的问题所在。《拜月亭记》就是这些作品当中的一个最优秀的代表。

《拜月亭记》主要描写了两个家庭，一个是当朝权贵王家，另一个是平民儒士蒋家。在一场战争当中，两家同时外出逃难，又同时在兵荒马乱之中散失。在这样一个特定的环境当中，王家的大小姐瑞兰遇上了儒生蒋世隆，而世隆的妹妹瑞莲又遇到了瑞兰的母亲王夫人。值此荒郊野外、兵戈相摩的生死存亡关头，两个不同地位的家庭之间产生了真诚的感情，王夫人认瑞莲为干女儿，而王瑞兰经过一番内心的斗争，终于战胜了封建礼教对自身的束缚，和世隆结成了患难夫妻。随着战争的结束，社会秩序逐步恢复正常，离乱中的爱情开始受到来自传统势力的严重考验。外出归来的瑞兰之父王尚书坚决反对女儿自作主张的婚事，他把女儿从身染重病的蒋世隆身边强行拉走，制造了一出比战争更为残酷的悲剧。《拜月亭记》实际上向人们提出这样的问题：什么样的亲情关系才是最人性的。战争和离乱打破了正常的伦理关系，而只有在这种时候，人性当中那些美好、自然的品质才会被唤醒，人们之间才会结成真诚的友爱关系。离乱是暂时的，但离乱中产生的情感却具有永恒的价值。换句话说，战争和离乱实际上成了暴露不人道的伦理关系的一种契机，一种方式，从这个意义上说，此剧的主题仍然属于叛逆的性质。

该剧还有一个引人注目的方面，即不同民族之间的患难友谊。陀满兴福是女真族人，父亲为金朝重臣，因被人诬陷，招致满门抄斩。陀满兴福在逃避追捕的过程中躲入了蒋世隆家的院墙，被蒋搭救，二人结为兄弟。后来战乱之中，陀满兴福又援助了蒋世隆夫妇，最后与世隆的妹妹蒋瑞莲结成夫妻。与之仿佛，另一部作品《宦门子弟错立身》也表达了类似的主题，女真贵族子弟完颜寿马爱上了汉族戏剧演员王金榜，他宁愿放弃富有的家庭生活，跟随一个戏班子去"冲州撞府"，卖艺为生，这就把民族和社会两个主题合为一体了。如果说北杂剧侧重于表现冲突和对抗的话，那么南戏似乎在患难的背景之下更加突出了平等与融合的主旋律。《拜月亭记》最后是以蒋王两家团聚、夫妻破镜重圆了结的，《错立身》也以完颜寿马之父接纳艺人媳妇入门告终。实际上，元代南戏并没有把冲突双方置于不可调和的境地，它关注的是生活境遇与主人公之间的关系，它否定的是某种观念，某种非人性的价值取向，平等和融合才是南戏真正想要表达的审美理想。

**新型审美品格的产生**

南戏剧本当中给人印象最深、塑造得最成功的还是一批历尽苦难的女性形象，如《张协状元》中的王贫女、《荆钗记》中的钱玉莲、《白兔记》中的李三娘、《琵琶记》中的赵五娘等。这一批女性与北杂剧中的众多女主人公有着明显的区别，她们并没有激烈的反抗行动，也未做出违背封建礼教的事，她们心甘情愿地承受着常人难以想象的苦难，默默地用血和泪谱写着自己的人生。当然，她们并非没有理想，并非没有追求，她们忍辱负重，历尽艰辛，为的是维护自己的家，期待着有一天夫妻团圆，子女成人，共享人间平凡的欢乐。她们成为中国传统女性的一种艺术化身。

《白兔记》中的李三娘是一个农家妇女，父母双亡。丈夫刘知远即后来五代后汉的开国皇帝，当时只是一个穷汉，被迫外出当兵。兄嫂逼其改嫁不成，便百般虐待，令其白日担水，夜间推磨。寒冬腊月，三娘于磨房产下孩子，因无人照料，只得用牙齿咬断脐带。在这样凄惨的境遇里，三娘"一不怨哥嫂，二不怨爹娘，三不怨丈夫"，十多年来苦苦地撑持，盼望着有一天家庭团圆：

> ［川拨棹］我欲待诉说个冤仇，我欲待诉说个冤仇，待说来谁人睬瞅？天若还念我孤单，天若还念我孤单，愿孩儿易长易寿。子母们得到头，免使刘郎绝嗣后。

李三娘本待诉说个冤仇，但这冤仇的对象是谁呢？她找不到。三娘并不想把身边的任何人当作仇敌，她只是凭借女人那种善良朴素的信念，承受着降临到头上的一切。她不知道丈夫刘知远已被岳节度使招为女婿，又升到了九州安抚使的高位，在她心里只有一种单纯、善良的希望，并依靠这种希望顽强地活下去。十五年后，一只白兔把她送去军营的儿子带回到自己的身边，是儿子对母亲的亲情打动了刘知远，刘这才把三娘从苦难中解救出来，全家团圆。在老百姓的眼睛里，那只白兔大概就是天意的安排吧？作品并没有强调人与人之间的冲突，它通过一种包涵深广的善良人性来否定那些丑恶的行为，达到对社会批判的目的。

《琵琶记》中的赵五娘也是一位至今活在观

众心中的女性形象。她与李三娘一样经历了夫妻分离的苦难，所不同的是赵五娘还承担着照料公婆的重任。祸不单行，家乡连年饥荒，五娘无从维计，她只得将仅有的粮食供给公婆，自己暗自吞糠。戏里有这样一段生动的描写：

> （赵五娘唱）［孝顺歌］呕得我肝肠痛，珠泪垂，喉咙尚兀自牢嘎住。糠，遭砻被舂杵，筛你簸扬你，吃尽控持。悄似奴家身狼狈，千辛万苦皆经历。苦人吃着苦味，两苦相逢，可知道欲吞不去。
>
> ［前腔］糠和米，本是两倚依，谁人簸扬你作两处飞？一贱与一贵，好似奴家共夫婿，终无见期。丈夫，你便是米么？米在他方没寻处。奴便是糠么？怎的把糠救得人饥馁？好似儿夫出去，怎得叫奴，供给得公婆甘旨？

这一出戏叫《五娘吞糠》，此外还有《剪发买葬》《描容上路》《卖唱寻夫》诸出，被人誉为具有"悲剧之至味者"，可谓写尽了封建时代妇女的血泪和辛酸。它是一种控诉，虽与北杂剧的激烈反抗不同，但这种控诉的动人程度却不在北杂剧之下。作为苦情戏，作者的侧重点似乎在正面的赞

扬，它歌颂了女主人公忍辱负重、毫无怨言的人
生态度，歌颂了主人公柔中带刚、坚忍不拔的性
格，这种赞颂当中，体现了来自南方的一种价值
取向，一种以柔韧克刚强的态度，实际上它代表
了元代后期的审美倾向。不管人们如何看待和评
判，这种态度也是中国审美文化中的一个组成部
分，它代表了一种把善良和美糅合为一体的审美
形态。

北杂剧和南戏的并存使得元代的戏曲世界体
现出多元和互补的局面，它们在元代审美文化中
的地位也显得更为重要了。

元代本来就是一个悲欢离合的大舞台，生活
的戏剧化和戏剧的生活化，使得这个时代充满了
特殊的魅力。

〔1〕　　何乔远《闽书》引陈淳《上傅寺丞论淫戏书》。

# 文人畸士的翰墨风骨

一个时代的审美文化并非是完全趋同的，在不同的层次上，它可能呈现为不同的态势，这些不同从各自的侧面反映了该时代的风貌，它使得我们对这一时代的认识变得更为丰富，而且深刻。如果说戏曲以舞台艺术的形式表现了全民化的审美趋向的话，那么作为诗歌的散曲和作为造形艺术的绘画，便是以它们自己的艺术方式表达了文人阶层特有的审美心态。它们虽然未造成戏曲那样的轰动效应，但依然具有强烈的时代气息，并且达到了高度的艺术境界。

# 『荡人血脉』

## 背弃传统的新诗体——散曲

　　在文学领域，曾经作为士大夫精神载体的正统诗文无可奈何地走向衰落，然而却生成了另外一种新的与传统诗词完全不同的诗体——散曲，它以极其通俗的形式从另一个侧面表现了处于被压抑境地的文人的心声，成为元代审美文化又一道引人注目的风景。

**有别于宋词的蒜酪之趣**

散曲属于音乐化的诗体，用今天的眼光来看，它其实就是流行歌曲。与当代的流行歌曲比较，今天的音乐是更为发达了，一般创作一首歌词就要谱一支曲子。而在古代，同一支曲子是可以被反复使用的，作者不断地在相同的曲调里填入新的歌词，所谓"依声填辞"。散曲不但作为流行歌曲而存在，它同时也是元代戏剧的组成部分。北杂剧和南戏就是将这些流行歌曲吸收进它们的体系，成为戏曲。故而元人所称之"曲"，包含了两种意思，既指散曲，也指戏曲，它们两家本有着亲缘关系。我们知道，词也是依声填辞的，它同样是一种音乐化的诗体，而且曾于宋代风靡一时。然而到宋代后期，词走入了一条狭窄的胡同，它不断地雅化，在格律上要求越来越严格，在句式、字数上制造出许多苛刻规定，这就使自己变得凝固和僵化，逐渐失去鲜活的生命力，终于不再流行了。就在这个时候，一种新的来自民间的歌曲悄悄地成熟起来，它取代了词的地位，成为新的流行歌曲。

所谓"流行歌曲"——也就是音乐化的诗体，必须具备两个要素：曲调和曲辞。那么散曲的曲调来自何处呢？主要来自民间。在戏曲部分中我们已经谈到，金元之际，中国的音乐出现了大汇融、大交流的局面，各地区、各民族的乐曲互相影响，互相渗透，在都市化的社会背景之下，达到了高度的繁荣。这些乐曲的真实面貌今天已经无法了解了，然而，根据存留下来的曲调名称，我们仍可以清楚地看出其所具有的民间性质。前面我们举过南曲，这里以北曲为例，因为散曲的主体是北曲，如：《醋葫芦》《油葫芦》《穷河西》《山坡羊》《蔓青菜》《节节高》《桃花娘》《大拜门》《小拜门》等等。有一些曲牌与军事活动有关，可能属于军歌，如：《德胜令》《踏阵马》《小将军》《镇江回》等。还有一些与佛教有关，属于佛曲，如：《好观音》《金字经》《华严赞》等。在众多的民间乐曲中，必然也掺有很多北方少数民族的音乐，其中一些从名称上就能认出来，如《者剌骨》《阿纳忽》《唐兀歹》《也不罗》《拙鲁速》等，还有一些已经翻译成汉名，恐怕很难分辨清楚了。散曲的综合吸收能力非常强，在成熟过程中，它也兼收了唐、宋、金时期流行的各种民间曲艺的音乐，如大曲、法曲、唱赚、诸宫调、金院本等等。这些音乐在长期的流传中雅俗兼容，不但保存了大量民曲，也收入了不少的雅乐，前者如《货郎儿》《快活三》《鲍老儿》《拨不断》《叫声》等，后者如《殿前欢》《感皇恩》《六国朝》等。尤其是，相当一部分宋词的曲调也被吸收进来了，这些曲牌我们非常熟悉，因为它们和词牌是一模一样的。但是到了民间曲艺的体系当中，它们又经过大大的俗化，与原来的曲式已有了许多差异。

由此可见，音乐在传承的过程中是在不断变化着的，俗转化为雅，雅又转化为俗。同样一个调名，其旋律和演奏方式可能相差很大。而散曲对于前代音乐的吸收主要还是在通俗的层面上，因为雅乐经过不断的程式化，已走向僵老和凝固，不适合元代这个下里巴人占主流的文化环境了，俗曲则方兴未艾，灵活自由，随着时代的需要而不断演变，正是它们与当时的通俗歌曲一起，组合成了一种新的音乐形式。

散曲与其他诗体一样，拥有自己的体式。它

主要由两大种类构成，一类叫作小令，另一类称
为套数。小令就是单独一支曲子，此类曲子调短
辞少，属于短章。它与词的不同在于，没有上下
片之分。这里举黄公望的一首小令《仙吕·醉中
天·李嵩髑髅纨扇》为例：

> 没半点皮和肉，有一担苦和愁。傀儡儿还将丝线
> 抽。弄一个小样子把冤家逗。识破个羞那不羞。呆，兀
> 自五里一单堠。

黄公望是画界四大家之一，钟嗣成谓其"长词短
曲，落笔即成"（《录鬼簿》），可见他也是擅长作
这种风趣、通俗型的小令的。

所谓套数是由同一宫调的若干支曲子组合
而成的一套曲子，它的篇幅较小令要大得多，
而且用曲的数量也不固定，有数支、十数支乃
至数十支不等，可以根据作者的需要来取舍。
如杜仁杰的《般涉调·耍孩儿·庄家不识勾
栏》由 8 支曲子组成，刘时中的《正宫·端正
好·上高监司》（后套）由 34 支曲子组成，等
等。这种长短不一的体式体现出散曲特有的自
由灵活性。

　　既然有了曲牌，诗人们就要依声填辞了。散曲的填辞与宋词有一个很大的不同，即它的字数并不严格限定，具有相当的自由度和伸缩性，可以在原有的字数外根据需要添加若干字，前人将此称作加"衬字"。我们举两首作品为例：

　　　山无数，烟万缕。憔悴煞玉堂人物。倚篷窗一身儿活受苦，恨不得随大江东去。（珠帘秀《双调·寿阳曲·答卢疏斋》）

　　　项羽争雄霸，刘邦起战伐。白夺成四百年汉朝天下。世衰也汉家属了晋家，则落的渔樵人一场闲话。（李爱山《双调·寿阳曲·怀古》）

上举二作属于同一个曲牌，但彼此之间却相差9个字。是不是那多出的9个字便是衬字，余下的即为规定字数呢？也未见得。更符合事实的说法是，散曲作为一种高度灵活的音乐性诗体，它并没有宋词那样严格的字数规定，始终处于比较开放的态势。

　　从上举的一些例子中我们可以发现，曲中有很多的口头语，如"没半点""有一担""弄一个""兀自""恨不得""则落的"等，这些俗化的语词常常就是作者扩充句子的重要因素，人们将此称为"衬字"。最典型的要数关汉卿《南吕·一枝花·不伏老》中的那段尾声："我是个蒸不烂、煮不熟、捶不匾、炒不爆、响珰珰一粒铜豌豆，恁子弟每谁教你钻入他锄不断、斫不下、解不开、顿不脱、慢腾腾千层锦套头。"其中的"蒸不烂、煮不熟"，"解不开、顿不脱、慢腾腾"等等排比式的俗语形容词可以说都是即兴扩充的，它比同类套数的尾曲规模要大得多，此足见散曲填辞的自由度达到了怎样的程度。正因为此，散曲在当时才会拥有如此旺盛的生命力。

当代曲学家任二北指出："夫曲之所以为曲，乃在以语为文。"（《作词十法疏证》）此话点明了散曲最重要的品质。散曲的音乐今天我们已无法确切了解，但是其歌辞却完好地保存着。毫不夸张地说，散曲实际上就是最早的白话诗。这种白话与今天流行的普通话不同，它是以北方的市井语言为主，又掺杂了些各地的方言，可谓俗到家了。

古人对于散曲的语言风格有一种非常生动的

说法，叫作"蒜酪"：

> 然既谓之曲，须要有蒜酪。(何良俊《四友斋丛说》)
>
> 嘉、隆间松江何元朗畜家僮习唱，一时优伶俱避舍，然所唱俱北词，尚得蒜酪遗风。(焦循《剧说》节录《蜗亭杂订》)

蒜酪本是指食品的风味。蒜是一种辛辣的佐味品，为北方人所喜爱，酪乃是奶制品的统称，来自草原的北方少数民族皆好以此为日常食品。二者加起来，它形容的是一种通俗、豪放加上泼辣风趣的语言风格，此种风格与宋词的典雅、细腻和含蓄是截然不同的。这里且举马致远仿效养马人口吻所写的两段曲辞为例，来看一下所谓的蒜酪风味：

> 抛粪时教干处抛，尿绰时教净处尿。拴时节拣个牢固桩橛上系。路途上休要踏砖块，过水处不教践起泥：这马知人义，似云长赤兔，如翼德乌骓。
>
> 有汗时休去檐下拴，渲时休教侵着颏。软煮料草铡底细。上坡时款把身来耸，下坡时休教走得疾。休道人太寒碎，休教鞭飚着马眼，休教鞭擦损毛衣。(《般涉调·耍孩儿·借马》套数 [四煞]、[三煞])

借马这个题材在诗词当中是不可能出现的，而那
不加一点修饰的市井语言更是在诗歌作品中闻所
未闻，这就是所谓的蒜酪之味。

不错，有一些题材散曲与诗词之间还是相同
的，如抒写隐逸之趣等，但口吻和语气却又大不
同，试举两例：

> 一个空皮囊包裹着千重气，一个干骷髅顶戴着十
> 分罪。为儿女使尽些拖刀计，为家私费尽些担山力。您
> 省的也么哥，您省的也么哥！这一个长生道理何人会？
> （邓玉宾《正官·叨叨令·道情》）

> 我将这嫩蔓菁带叶煎，细芋糕油内炸。白酒磁杯
> 咽，野花头上插。兴来时笑呷呷。村醪饮罢，绕柴扉
> 水一洼，近山村看落花，是蓬莱天地家。（贯石屏《仙
> 吕·村里迓鼓·隐逸》套数［后庭花］）

这两首作品嬉笑怒骂，百无禁忌，把属于文人的
潇洒之趣说得俚俗诙谐，把心中郁愤的情绪表达
得酣畅淋漓，此种也属于蒜酪之味。

概而言之，蒜酪之味就是以俗为美。当然，
散曲中也有一些作品特别是后期某些清丽派作
家的作品确有雅化的倾向，但从总体上看，通俗

化作为散曲的特性还是很鲜明的，与诗词判然有别。这种以俗为美的风格可视作诗歌语言的解放，同时它也是对中国正统诗歌的颠覆。

**从冒犯神圣到嘲弄自我**

散曲的形式是高度俚俗化的，但散曲的内容却并非完全如此，基本上属于文人的抒情范畴。这与戏曲又形成了对照。戏曲也是由文人创作的，然而作者乃是以民众代言人的身份来创作，所以绝大部分作品具有全民的性质，它们表现生活的领域特别宽，主题也多元化。而散曲却是文人自娱的文艺形式，其涉及的范围要比戏曲窄得多。不少的作家如关汉卿、白朴、王实甫、马致远、郑光祖等，同时创作戏曲和散曲，他们似乎也有个大致的区分，舞台艺术更偏于大众化，兼顾到各种层次观众的好尚，而散曲则主要是自抒胸臆，自吐块垒。由于元代特殊的社会环境，文人大多数沉沦于底层，面子彻底丢开，他们对通

俗的诗歌形式发生兴趣是完全可以理解的。但这
些人又毕竟是文人，所受的文化熏陶和心理素养
与一般市民确有不同，悠久的精神传统在他们心
里发生着更为深刻的裂变，所以散曲的表现范围
虽然比戏曲要狭窄，可是表现的深度却在某些方
面超过了戏曲，这就使得散曲有了另外一种特殊
的魅力。

　　假如说市井化的语言风格是对正统诗歌体式
的颠覆，那么它所表达的精神内涵则是对整个封
建正统观念的背叛，其达到的深刻性和决绝性是
中国文学史上所从未有过的。我们不妨从几个方
面来看。首先，最扎眼的是对正统权威的嘲弄与
否定。有些作品故意冒犯神圣，将矛头直指古代
圣贤及历代君王。试举两例：

　　　　铺眉苦眼早三公，裸袖揎拳享万钟，胡言乱语成
　　时用。大纲来，都是烘。说英雄谁是英雄？五眼鸡歧山
　　鸣凤，两头蛇南阳卧龙，三脚猫渭水飞熊。（张择《双
　　调·水仙子·讥时》）

　　　　叹孔子尝闻俎豆，羡严陵不事王侯。百尺云帆洞庭
　　秋。醉呼元亮酒，懒上仲宣楼，功名不挂口。（张可久
　　《中吕·红绣鞋·次崔雪竹韵》）

作者的直接旨意是鞭挞当世一帮掌权的败类，表明自己不与合作的态度，但他们"捎带着"也痛骂了中国封建王朝的缔造者，嘲笑了那些被奉为圣人的精神领袖。"岐山鸣凤"指周朝的祖先古公亶父，"渭水飞熊"即助周文王成大业的姜太公吕尚，看起来所谓传颂千载的开国英雄不过是些五眼鸡、两头蛇、三脚猫罢了，而孔子当初兴礼乐、立纲常也是自作多情的迂腐之举。三言二语，把神圣不可侵犯的伟人们都给奚落了。假如有人说这还不够直接的话，那么睢景臣的《高祖还乡》套数则可说是对汉高祖刘邦作的一番正面而又具体的"恭维"。作者假借一个村民的口吻，描述了汉代开国皇帝刘邦荣归故里之举。这哪里是天子盛典，分明是一场大作怪的闹剧。汉高祖在这个村民的眼里，是一个酒徒，一个无赖，一个在乡里混不下去、欠人酒账而逃离在外、改名换姓的家伙！"只道刘三，谁肯把你揪捽住，白什么改了姓更了名，唤做汉高祖！"作者充分利用了乡民的无知和愚昧，小农的见识固然是可笑的，既已愚昧可笑，也就百无禁忌，敢于说出一些真话，一些更值得人们发笑和玩味，玩味之后不免再次放声大笑的东西。作者嘲弄帝王的方式是独特的，他并非居高临下，也并非以审判者自居，他不过是一个愚俗的小农而已。全部散曲对待神圣的权威其实都采取了这样一种方式，通过这种方式，散曲作者们毫不留情地抹去了神圣者们头上的光圈。

散曲作家们不但嘲笑权威，也嘲笑自古以来文人士子的功名进取之心、鞠躬尽瘁之志，他们把过去景仰的精英和楷模贬得一无是处，请看：

楚《离骚》，谁能解？就中之意，日月明白。恨尚存，人何在？空快活了湘江鱼虾蟹，这先生畅好是胡来。怎如向青山影里，狂歌痛饮，其乐无涯。（张养浩《中吕·普天乐》）

一个韩昌黎贬在水潮。一个苏东坡置在白鹤。一个柳宗元万里窜三苗。一个张九龄行西岳。（邓玉宾《中吕·粉蝶儿》）

三顾茅庐问，高才天下知。笑当时诸葛成何计。出师未回，长星坠地，蜀国空悲。不如醉还醒，醒而醉。（马致远《双调·庆东原·叹世》）

这一类型的作品最多，它们厌弃功名，歌唱遁隐，应该说也不是新鲜的题材，但历代的隐居诗只是正面渲染隐士的逸乐，未曾有倒过来粪土烈士和英杰的，这显出了散曲特有的叛逆性。其实此类骇世惊俗的言辞也是痛苦、彷徨下的愤激之语。不少作者原本是一腔热忱、志在功业的，像马致远、张养浩等，也曾为此奔走和奋斗，但严酷的现实粉碎了一切梦想，于是在失落之后，他们似乎有所醒悟。愤激固然不失偏颇，醒悟才是更深刻的。世界已经变得荒唐，所以要用荒唐的形式来回敬它。作者们在否定和破坏中不但嘲笑前贤，同时也奚落自己：

　　子为外貌儿不中抬举，因此内才儿不得便宜。半生未得文章力，空自胸藏锦绣，口唾珠玑。争奈灰容土貌，缺齿重颏，更兼着细眼单眉，人中短髭鬓稀稀。哪里取陈平般冠玉精神，何晏般风流面皮？哪里取潘安般俊俏容仪？自知，就里，清晨倦把青鸾对。恨杀爷娘不争气。有一日黄榜招收丑陋的，准拟夺魁。（钟嗣成《南吕·一枝花·自序丑斋》套数〔梁州〕）

　　风流贫最好，村沙富难交。抬灰泥补砌了旧砖窑，开一个教乞儿市学。裹一顶半新不旧乌纱帽，穿一领半长不短黄麻罩，系一条半联不断皂环绦，做一个穷风月训导。(钟嗣成《正宫·醉太平》)

攀出墙朵朵花，折临路枝枝柳。花攀红蕊嫩，柳折翠条柔。浪子风流。凭着我折柳攀花手，直煞得花残柳败休。半生来折柳攀花，一世里眠花卧柳。(关汉卿《南吕·一枝花》套数〔不伏老〕)

既然文人已成为人人嫌弃的"臭老九"，既然落魄潦倒之外，再也没有别的东西，索性把面子放下，做一个名教的叛徒。传统的定位被颠覆了，于是就滋生出这样一种"黑色的幽默"来。散曲中这一类逆向性的审美倾向更带有近代审美的特点，读起来"荡人血脉"。

**游戏人生与以丑为美**

诗歌发展到散曲，出现了对以往传统的全面反动，语言上以俗代雅，抒情上以笑代悲，还有值得提出的一点，就是以丑为美。所谓诗意、诗情、诗境、诗化，这些概念原来都是美的代名词，人们需要诗，是为了满足精神上的审美需要。然而由于某些历史的原因，美不再为人所关注，而表现丑倒成为元代社会的风尚和时髦，种种丑陋的东西公然登场亮相，成了散曲欣赏和描写的对象，请看下面的两首：

> 丑如驴，小如猪，《山海经》检遍了无寻处。遍体浑身都是毛。我道你有似个成精物，咬人的笤帚。（王和卿《双调·拨不断·长毛小狗》）

> 夺泥燕口，削铁针头，刮金佛面细搜求。无中觅有，鹌鹑嗉里寻豌豆，鹭鸶腿上劈精肉，蚊子腹内刳脂油，亏老先生下手。（无名氏《正宫·醉太平》）

当生活中丑陋的东西比比皆是，而传统的审美心态越来越无奈，逐渐失去依托的时候，人们的审美趣味也在不知不觉地发生变化。正如宇宙中有正物质，就有反物质一样。过去诗歌中表现的，大多是正面的东西，到了散曲这里，便有意突出那俗和丑的方面。

　　不妨再举两首描写妓女的作品作为较为极端

的例子：

> 假胡伶，骋聪明。你本待洗腌臜，倒惹得不干净。精尻上匀排七道青，扇圈大膏药刚糊定，早难道外宣无病。（王和卿《双调·拨不断·王大姐浴房内吃打》）

> 十指如枯笋，和袖捧金樽。掐杀银筝字不真，揉痒天生钝。纵有相思泪痕，索把拳头揾。（关汉卿《仙吕·醉扶归·秃指甲》）

上述两作都是丑化妓女的，审美价值却存在差异。关汉卿的《秃指甲》通过描写某妓女身体的缺陷，暗示了她生存境遇的不幸，是一种带有同情的嘲讽；王和卿那首似乎仅为游戏笔墨，务在博人一笑而已。由此可见，以丑为美在散曲中是一种较为复杂的审美现象。我们再录一首"爱情的自白"来看一下：

> 我事事村，他般般丑，丑则丑村则村意相投。则为他丑心儿真，博得我村情儿厚。似这般丑眷属，村配偶，只除天上有。（兰楚芳《南吕·四块玉·风情》）

同样是写丑，意味不一样。此作的主人公外貌虽丑，心却是美的，属于外丑而内美。另一些作品则不一定如此，尽管它们也不乏生活的气息。以俗代雅、以笑代悲、以丑为美就这样成为散曲的三个艺术特征。

元散曲因其全面的叛逆精神和痛快淋漓的审美风格赢得了中国诗歌史上一席特殊的地位，它也是中国审美文化史上一笔难得的财富。

# 2

## 挥写逸气

### 元代文人画的山水情结

　　凡带有批判和否定倾向的艺术，皆可分为两种形态，或者取对立抗争的形式，或者取高蹈超迈的形式。如果说戏剧和散曲属于前者的话，那么，绘画艺术则属于后者。前者俗而后者雅，前者狂而后者狷，殊途而同归。元代的画家们就秉着这种精神，在绘画领域反俗尚雅，改变了传统的作风，开创出中国文人画一片崭新的世界。

**走出院体传统**

我们知道，宋代的绘画是以院体画为主的。所谓院体，就是由官方画院作家创作的形成一定格局的绘画，这种院体画具有比较浓厚的宫廷色彩。当然，它在中国绘画史上有自己独特的贡献和地位，是一个不可或缺的环节，比如对物象细致入微的刻画、讲究色彩的运用等等，但是院体画的宗旨在于迎合帝王贵族的爱好，在这一点上它受到很大的牵制。特别是到了南宋，统治阶层偏安于江南一隅，不求收复中原，沉醉于富有奢侈的生活，他们对艺术消费往往有着很大的需求，大量的宫室、苑囿、宅邸都要张挂画卷以装饰门面，院体画必须满足这种要求。这样，绘画便走向了富丽堂皇和表现恬然、闲适，大青绿和金碧山水以及工细写实的彩绘花鸟就代表了这种趋尚。在元代画家看来，这是一种丧失作家个性的媚俗风格。

说到媚俗，宋代绘画还有另外一种，随着手工业的发达，城市的增多与扩大，商品经济在宋代有了长足发展，绘画也一定程度上卷进了这个商品化的潮流。社会上对绘画的需求亦是相当大的，由公众场所的茶坊酒店，到中等以上的市民家庭，都有张挂画图、附庸风雅的需要。作为社会上的职业画家来说，他们也有一个养家糊口的问题，所谓"亦有迫于口体之不充，俯就世俗之所强"（刘学箕《方是闲居士稿》），因此迎合顾客的需要，表现市井细民的日常生活也就成为宋代绘画的一个十分重要的方面。这在一些志向高远的画家看来，同样是媚俗的表现。南宋的刘学箕就说过："今之画士，只人役耳。"（《方是闲居士稿》）虽然宋代绘画较之前代有了大规模的发展和进步，但它也带来了相当的消极因素，艺术的独立性和创造性在一定程度上被削弱或者取消了。

进入元代，统治阶级的文化素养固然远不能同宋代相比，但是宫廷中也同样讲究图画的装饰，仍然有一批画匠在从事媚上的工作，成为宋院体画的继续。然而时代究竟是不同了，元代的知识分子、艺术家大多生活在一个种族歧视和职业歧视双重压迫的环境里，沦落到了社会的最底层，他们丧失了宋代优越的、受人尊敬的地位，遭受到种种不公正的待遇，这便激起了极大的愤慨和不满，于是，他们大多数采取不与社会合作的态度。体现在绘画界，就是反对媚俗之作，提倡知识分子的"士气"，借此来表现独立不屈的人格，与现实相对抗。这就为绘画摆脱世俗羁绊、自由而独立地发展提供了条件。

最早在画界提出反俗主张，倡导绘画变革的是由宋入元的赵孟𬲯。赵是宋朝宗室，号松雪道人，又号鸥波翁。由于他的特殊身份，入元后被召入京，授予了一个闲职。赵孟𬲯本来也应属于宫廷的画家，但他较一般的宫廷画家不同，不但有很高的艺术修养，兼工诗文、书法，其精神境界也与其他宫廷作家不类，最重要的，是他对自己的处境有一个清醒的认识。赵孟𬲯不是那种乐不思蜀的人，对于随时都可能遭受的打击、排斥，他具有心理准备，对于出仕新朝，他又怀有很深的惭意，所谓"同学故人今已稀，重嗟出处寸心违"（《和姚子敬韵》）。在长期的自责和反省中，赵孟𬲯把埋在心灵深处的情感全部投入于艺术创作中，他在晚年的诗作里说："齿豁头童六十三，一生事事总堪惭。唯余笔砚情犹在，留与人间作笑谈。"（《自警》）看起来，创作对于他并不是一种简单的消遣，或者取悦他人的行为。
正因为此，赵孟頫对于画界的媚俗之风表示了强
烈的厌恶："今人但知用笔纤细，傅色浓艳，便
自为能手，殊不知古意既亏，百病横生，岂可
观也！"（见张丑《清河书画舫·酉集》）赵孟頫
所说的"今人"，既指元人，也指宋人。他曾批
评宋代院体画说："今人虽极工致，一览而意尽
矣。"（《古人画稿》，载裴景福《壮陶阁书画录》）
在另一处，他还说过："宋人画人物，不及唐人
远甚，予刻意学唐人，殆欲尽去宋人笔墨。"（见
朱存理《铁网珊瑚》）

前面已经说过，宋代的院体画，用笔工细、
精巧，刻意模仿物象，迎合宫廷趣味，相对缺
少作者内在情感和个性的表达，因此"失画家
天趣"（唐岱《绘事发微·正派》），一览而意
尽。针对这种近世的媚俗之风，赵孟頫提出了
复古的主张："作画贵有古意，若无古意，虽
工无益。"（见张丑《清河书画舫·酉集》）"唐
人画人马者甚众，而曹（霸）、韩（幹）为之
最。盖其命意高古，不求形似，所以出众工之
右耳。"（见汤垕《古今画鉴》）赵孟頫所言的古

人，主要指唐和五代的画家，其中也包括宋初几位著名的山水画家，他说："至五代荆（浩）、关（仝）、董（源）、范（宽）出，皆与近世笔意辽绝。"（《题双松平远图》）荆浩是五代时北方的画家，关仝为他的学生，董源属于南方的画家，他和弟子巨然代表了南方山水的风格，而范宽则是宋初的山水画家，与关仝、李成并称北宋三大家，三人都继承了荆浩的画风。赵孟頫通过推崇这些画家来反对院体画派，反对精细工巧、傅彩浓艳的媚俗趋向，这其实是在画界开启了一种革新运动。

真正在绘画领域实现全面更新，开创有元一代绘画新局面的是后期号称四大家的黄公望、王蒙、倪瓒和吴镇四位贫士。此四人在为人处世上和所谓的媚俗之辈完全不同，属于隐士类型的人物，代表了元代有个性、有骨气、有志向的汉族知识分子。黄公望字子久，号一峰，又号大痴道人，年轻时做过小官，中年以后在松江卖卜为生，入过道，晚年隐居在江南荒山之中。黄公望与大自然有一种特殊的、非常人可晓的默契关系："尝终日在荒山乱石丛木深筱中坐，意态忽忽，人不测其所为。又居泖中通海处，看激流轰浪，风雨骤至，虽水怪悲诧，不顾。"（顾嗣立《元诗选小序》）黄的山水画，笔墨高雅，人莫能及，实居四大家之冠。他还著有绘画理论著作《写山水诀》，强调："作画大要：去邪、甜、俗、赖四个字。"又说："画一窠一石，当逸笔撇脱，有士人家风。"（《写山水诀》）这些主张代表了四大家以及当时文人画家一致的意愿。

倪瓒，字元镇，号幼霞，别号云林子等，是四大家中最为人熟知的一位，诗、书、画兼擅，号称"三绝"。倪瓒有洁癖，曾筑清閟阁，"阁中藉以青毡，备足履百个，使客一一更替，始得入其中"。"俗士如索钱，则置钱于远所，使索者自取之，此盖厌其污衣也。盥如一度使用，则易水数十度，冠服一日亦拭数十度"（张端《云林倪先生墓表》，引自温肇桐《元季四大画家》）。倪瓒的洁癖是他厌嫌俗恶世界的一种表现，他尝自作诗道："白眼视俗物，清言屈时英。贵富乌足道，所思垂令名。"（《述怀》）他的山水图很少画人物，有人问之，便回答说："今世哪复有人？"

愤世之情溢于言表。倪瓒的画"殊无市朝尘埃气"（夏文彦《图绘宝鉴》卷五），与一般流行的俗画毫不相干。他曾自我表白说："余之竹聊以写胸中逸气耳。岂复较其似与非，叶之繁与疏，枝之斜与直哉？或涂抹久之，他人视以为麻，为芦，仆亦不能强辩为竹。"（《题自画墨竹》）这是公然地与市俗趣味采取对立，甚至不屑一顾的态度。倪瓒本属江南大族，家甚富有，但中年后却卖去田庐，散尽家资，流落在五湖三泖之间，寄居于村舍、寺观之中。这种举动也是违背市俗观念的，因而被人称作"倪迂"。唯有此"迂"，才得以产生超尘拔俗之画。

王蒙，字叔明，号黄鹤山樵。他是赵孟頫的外孙，从小得到过赵的指教，受其影响不小。王诗、书、画全能，和黄公望、倪瓒的关系也十分密切，彼此都有诗画往来。元末政治动荡之际，王蒙芒鞋竹杖，遁迹于浙江仁和的黄鹤山（温肇桐《元季四大画家》），大有遗世独立、飘飘欲仙的味道。同时人范立为其题诗道："天上仙人王子乔，由来眼空天下士。黄鹤山中卧白云，使者三征哪得起。"（《题叔明所赠图》）可见，王蒙是一个甚有骨气的隐士，与当时的社会格格不入，更不把出仕做官放在眼里。王蒙的画也是不入俗套、自成一格的，钱杜评其画曰："此翁胸具造化，落笔不顾俗眼，宜乎倪元镇有扛鼎之誉也。"（《松壶画忆》）清代画家王时敏在评元四家的时候还指出："元四大家画，皆宗董、巨，其不为法缚，意超象外处，总非时流所可企及，而山樵尤脱化无垠，元气磅礴，使学者莫能窥其涯涘。"（《西庐画跋》）可见，王的画很有气势，变化多姿，挥写出心中超凡脱俗的一股灵气，非俗笔学力所能及。

吴镇，字仲圭，一说仲珪，号梅花道人。吴镇大概属于四大家中最贫寒落魄的一个，曾在家乡一带卖卜为生，后来画名高了，也卖画自济。这位画家穷归穷，性情却十分孤傲，富人找他买画，百求不得，贫士来要，他又白送给人家（《嘉兴县志》）。这样做当然是富不起来的，然而，吴镇作画原也不是为了富贵，这种做法本是一种生活价值观的体现。其实，吴镇穷的仅仅是资财，精神方面却是非常富有的，他生性酷爱梅花，在家屋四周，遍植梅树，自号梅花庵主。平时好以渔钓、咏歌、书画为乐，心中有一个世俗难以达到的极美世界。只要看他的画就能感受到这一点，在那平淡自然的画面深处，隐藏着画家对真诚、美好的渴望和热爱，隐藏着他不屈于时俗的倔强性格，让人不得不为之驻目，为之陶醉。元代绘画正是在四大家手中实现了对宋院体画的革新，开创出一个令人耳目一新的艺术世界。

## 四大家的山水意趣

中国的山水画，经过长期的孕育，至唐末、五代时渐趋于成熟，荆浩、关全、董源、巨然四位画家奠定了阔大深远的山水画的规模和格局。这四位画家的总体风格是写实的，荆浩、关全表现了北方山川的峻伟和雄奇，董源、巨然则表现了南方山水的秀润和幽远，其中巨然在一定程度上融合了南北两地的风格。四人总的来讲笔法简练，以水墨山水为主，他们笔下的山水让人想起自然山川本来的意蕴和神趣。

　　到了宋代，院体画逐渐成为山水画的主流，院体山水的趋尚是越来越工整和精细，所谓"刻画工巧"（唐岱《绘事发微》）。虽然当时有米芾父子一派文人画家用水墨点染与之对立，但远不能抗衡。精细工整的刻画减少了天然之趣，人工化的痕迹加重了。但其总的原则还是写实的，也就是说，作者仍然力图通过精微的刻画来再现自然景观本身，景物是画家试图表现的主体。与此同时，作者的选择往往偏向于闲适、恬然的景物，如气候方面偏爱风和日丽，自然景点选择靠近楼台亭阁的地方，这就是黄公望所批评的"甜"。典型的有南宋刘松年的《四景山水图》，选取杭州西子湖畔四座富贵人家的园林型别墅，以春、夏、秋、冬四景描绘之，画面中山色湖光簇拥着精致曲折的楼宇殿堂，一派富贵、闲适气象。清新天然的山野之风已消失殆尽，给人市俗味浓重的感觉。再加上金碧辉煌的着色风气、萧散自得的人物点染，宋代的院体画实际上离天真自然越来越远了。

　　元代是中国山水画发生重大转折的时期，这

种转折体现在两个方面，一是变工整精细为荒率天真，二是变写实传神为写意得韵。两大转折最早体现在赵孟頫那里，我们从他42岁时所作的那幅著名的《鹊华秋色图》可以看到这一转折的明显迹象。《**鹊华秋色图**》（彩图1）描绘的是山东济南郊外的深秋景色。去过山东的人一看就知道，这正是济南一带自然景观的再现。不玄虚，不矫饰，非常平实、自然，既没有南宋院体画的烟气渲染、故作神秘，也没有任何出人意料的惊怪之笔，给人亲切熟悉的感觉。在它朴素的真实里面，甚至还带有一点拙质的味道。赵孟頫开创的这种平凡、简率、拙质的新画风，与南宋院体的工巧、雅致形成了鲜明对照。

如果说《鹊华秋色图》恢复了自然天真的绘画传统，那么他49岁时所作的《水村图》就更加耐人寻味了。这是一幅描写江南水乡的画卷，不用彩绘，也不取绢本，纯在纸上用淡墨干皴写成，笔法自由而放逸。该画由近及远，描绘了疏柳、丛草、溪流和湖泊，其中设有竹篱茅舍数间，屋后有小桥通向远岸。远处是连绵起伏的山峦，山势平缓，丛树错落，体现出江南清旷苍

秀的景物特色。两相比较，《鹊华秋色图》表现
的重点是近景和中景的树丛及茅舍，风格是写实
的，连远处的两座山头的摆布也是一种真实的再
现。而《水村图》的重点显然不在近景和中景的
树丛、茅舍，而在于远处起伏的山峦和苍茫的野
水，它们连绵和无尽的延伸显得意味深长。近景
和中景当中的细微景物只有在远山和野水的映衬
对比下，才获得了某种韵味。这幅笔调看似简率
的山水图在平淡天真的画面当中透露出强烈的抒
情气质，洋溢着一种诗意的表达。《水村图》历
来被各代评论家看好，认为"在《鹊华图》之
上"，这不是偶然的。赵孟頫的这幅画标志了山
水图从写实向写意的过渡，这是一个较《鹊华
图》更加深刻的转变，以此奠定了元代山水画的
基调。

　　早就有人指出，赵孟頫的《水村图》受到
了董源的影响，这是很明显的。在以简练的笔
调写江南山水的清旷方面，赵正是借鉴了五代
时的董源。但与董源的《潇湘图》等作品相
比，赵氏《水村图》用笔更为简率，几乎没有
渲染，纯以披麻皴式的线条构成，主观写意的

倾向强烈。相形之下，董源的作品就仍然应归之于写实了。此外，董源的图画以宁静、平远的风格为主，赵氏的《水村图》除了宁静、平远之外，还有一种苍茫无边的悲哀，这是元代山水画所特有的。正是这一系列的特点，使得《水村图》有了特殊的地位，它为后起的画家们做了示范。元四大家就在此基础上发展并创造了新的高潮。

黄公望是最负盛名的元代画家，他的山水作品成就超过赵孟頫，实际上处于元代山水画的顶峰。黄氏最善构造荒寒的意境，所谓"取荒寒之景，写苍莽之思"（华翼纶《画说》）。其最著名的作品是那幅长达六米多的**《富春山居图》**（现存台北故宫博物院，另有一残段藏浙江省博物馆，彩图2），董其昌称为"子久生平最得意笔"（《富春山居图题跋》）。一般人若不经意，往往注目于山峦的戏剧性起伏，而忽略了水的存在。实际上，水在这幅图中是无处不在的，它构成了富春山群存在的背景。画家选取的是初秋景色，季节无疑也是作者构造意境的一种手段。在长长的江岸上，很多树木叶落殆尽了，那些未曾脱叶的

小松林在远处连为墨色的一条，构成部分沙渚的
轮廓；而另一些仅剩枯枝的树木则三三两两站立
于荒凉的岸边，与苍茫的江水相对。全图笼罩在
一片荒寂、冷漠的气氛之中。一切都是肃穆、宁
静的，连同那一痕两线的渔舟，孤零零的茅屋，
还有窄窄的小桥。这是黄公望长期居住的地方，
凝聚着他对自然山川的深刻感受。作者体味这种
荒寒，久久地咀嚼它，并在这荒寒中找到了自己
精神的归宿。

　　《富春山居图》属于元代文人画家生存态度
的一种表达，它强烈地打动着每一个观者的心。
清代画家恽寿平指出："独荒寒一境，真元人神
髓。所谓士气逸品，不入俗目，唯识真者，乃
能赏之。"（《瓯香馆集·画跋》）他还特地评论
黄公望的画说："痴翁画林壑，位置、云烟、渲
晕皆可学而至，笔墨之外，别有一种荒率苍莽
之气，则非学而至也。"（《瓯香馆画跋》）黄公
望的《富春山居图》创造的乃是一种高度的艺
术真实，它既是写实的，更是写意的，既是再
现，更是表现，既是描述，更是抒情，在审美
对象与审美主体之间，主体的倾向性和个性感

受已强烈地笼罩、包摄了对象。画中的荒寒实际上是作者审美心态的外化，这种境界别人是无法模仿的。

这幅画也有借鉴前人的地方，清代布颜图指出："子久师法北苑（董源），汰其繁皴，瘦其形体，峦顶山根，重如叠石，横成平坡，自成一体。"（《画学心法问答》）在表现江南的山川景色方面，董源实际上是赵孟頫及元代四大家的共同宗祖，而由近及远的景物布置，荒率的干墨皴擦等方面，黄又受到了赵孟頫的启示。这一切到了黄子久手里，被综合融汇，推向了一个新的境界。我们可以说，到这里，写形已经让位于写意，再现已经被作者主观情志的表现所替代了。

黄公望还有一类水墨山水，将写意性推向了更高的阶段，现存作品中以《九峰雪霁图》为代表。该图是绢本，描绘雪后的山景。作者"借地为雪"，利用绢素的洁白质地来表现晶莹的积雪。画面被嶙峋的巨石伟峰所填满，仅图上端与最下端的天空和水面用淡墨涂染，山峰、房屋一律是浑莽的白色，用笔极为简练。坡角、凹处和背影的皴擦更增加了山石的突兀和峥嵘。特别是画面中的山峰，如剑锋，如断戟，如握拳，触目惊心，似真似幻，创造了一种强烈的审美效果，几至于不可思议。清代吴升评论这幅画说："创前人所未造，示后人以难摹，妙在生面独开，仍不露自家法，一片精彩，神来气来之作也。"(《大观录》)如果说《富春山居图》一定程度上还体现了写意和摹形的适度结合的话，那么《九峰雪霁图》这类的水墨画已进入了高度意象化的层次，纯粹的客观性已经隐退了。赵孟頫当年提出过"不求形似"的主张，但实际上并未真正实行，到黄公望这里，才将其付诸实践。这种不求形似的写意作风并没有背离艺术的真实，作者的灵感恰恰从大自然的"荒山乱石"当中得来，这是一种主客观碰撞之后形成的更为深刻的真实。古人评黄公望的画，用"惨澹"与"烂熳"加以形容，烂熳即是天真，它本已消融了主客观的对立；而惨澹呢，既是作者审美意识的表达，也是大自然万千气象中之一种。黄公望创造的艺术世界，可以说是个性与共性的统一，主体与客体的统一，历史与时代的统一，瞬间与永恒的统一，它获有了永不衰竭的生命力。

元代四大家皆以山水画著称，但风格却各不相类，可以很清楚地辨别出来。如果说黄公望以浑厚苍莽取胜，王蒙以繁密深秀见长，倪瓒又以疏淡简远传神，那么吴镇就是以渊劲滋润别具一格。黄、王、倪三家皆重笔法，以皴擦勾勒为主，吴镇不然，除了干笔皴擦之外，又兼取泼墨形式，注重渲染，这使得他的作品显出一种独特的艺术效果。

前面说过，吴镇心里有一个市俗难以达到的极美的世界，这个世界可以从他最喜爱画的渔夫图中看出来。现藏于北京故宫博物院的《**渔父图**》（彩图3）便是一个典型代表。这幅画是他所作的《渔父图》四轴之一，绢本，墨笔。作者用浓、淡两种墨色为水边的树木点叶，淡墨的轮廓大于浓墨部分，使其分出两重层次，如影交迭。往上不远是坡势平缓的丘冈，冈顶用浓墨作"带湿点苔"，由近而远，似断实连，尤见生动。山冈间也有丛树，树枝都作露干状，虽叶片繁茂而遒劲的枝干依然毕现。至此，画面基本属于写实。由平冈伸向远方，峻岭叠起，若隐若现，烟

气萦绕，恍若仙境。特别是图右，一条蜿蜒的细
流由远山烟岚中流出，像一条闪光的白练一直流
至冈前，注入清溪，给全画平添了浓厚的诗意。
此图笔墨极为简练，结构亦十分朴质，然而意蕴
十足。它使人联想起陶渊明的诗境。陶诗的特点
也是朴素自然，如话家常，然其中有一段渊深朴
茂不可到处，令人味之不尽。

　　我们试将此图与陶渊明的《饮酒》第五首
合起来体味一下："结庐在人境，而无车马喧。
问君何能尔，心远地自偏。采菊东篱下，悠然
见南山。山气日夕佳，飞鸟相与还。此中有真
意，欲辨已忘言。"该画正是描绘了一个忘言
的境界，渔父的萧散自得与山川的平淡深远彼
此都在默默地交流、呼应，与陶诗中的景物一
样，创造出一种现实与想象并存的意境。用绘
画界的话说，这是在似与不似之间。整个画面
是朴实、真切的，并无玄虚的异景，但是画图
创造的境界却引导你做出无限的延伸。这又令
人联想起陶渊明的《桃花源记》，那"芳草鲜
美，落英缤纷"的桃林，那"阡陌交通，鸡犬
相闻""黄发垂髫，并恬然自乐"的所在，不就

是吴镇《渔父图》中所描绘的平凡的仙境吗？
吴镇的绘画真可谓深得陶诗的神髓。他的写意
山水其实是一种高度真实的再现，这种真实不
是市俗的心态所能体会的。

　　吴镇的山水作品并非都是平淡优美的，还有
一类作品又反映了作者的另一种心态。这类作品
以台湾故宫博物院藏的《双桧平远图》（003）为
代表。这幅画给人以象征性的暗示，它表现的是
厌恶现实、卓立不屈的郁愤之美，这是作者愤世
嫉俗心情的一种艺术表达。两种风格形式虽异，
在内蕴上却又是相通的。

**书画合体的有我之境**

　　所谓文人画，还有一个特点是非常
突出的，那就是将书法引入绘画。
其实古人早已有书画同源之说，唐
代张彦远的《历代名画记》中就有
"书画异名而同体"的说法。文人画的正式兴起
是在宋代，当时院体画盛行一时，另有一些文人

此图为绢本，墨笔，构图颇为奇特。近处是两株参天的巨树，树干挺直，树根外露，上端的分枝呈虬曲状，苍劲盘错，平向张开。树叶不多，类似松针，颜色深沉。中部是平坡间小溪，有丛林村舍铺排其中。与两株巨桧相比，丛林里的树木细小瘦弱，作者仅用淡墨草草点画而成，远不能与巨木相配。远处是群山起伏，山外的天空略呈亮色。此图三分之一以上为天空，而最上部的天空是暗灰色的，唯有远山一带露出一片光明。那两株顶天立地的巨树恰恰和山外的光明形成了一种呼应。

003　吴镇《双桧平远图》

作家不满于此，以其余意挥墨作图，人们称之为"墨戏"。比较著名的有文同的墨竹、苏轼的木石以及米芾父子的梅菊、山水等。当时这类作品的影响还不大，作者本人也没有真正注力于此，然而，却开了以书法入画的先例。到了元代，水墨画大兴，创作风气发生了转移，于是书画合流便成为一种时尚。

书画合流究竟有什么美学价值呢？首先，它强调了绘画的线条美。书法实际上是线条的艺术，经过历代书法家的潜心琢磨，其一笔一画都蕴涵了丰富的意味，具有浓郁的美感。当宋代院体画追求色调的渲染，以多维块面组成图形陷入俗套之后，强调简洁明快的线条实际上就是对宋代院体画的一种纠正。而强调线条对于文人画家来说势必就要推崇以书法入画，因为书法是中国线条美最高层次的体现，同时又是文人墨客的擅长之技。元代杨维桢在《图绘宝鉴序》中说："士大夫工画者必工书，其画法即书法所在。"元人对这一点是有共识的。而后人也以此为定论，比如明代作家高濂在论到元代的绘画时说："观其曰写而不曰描者，欲脱画工院气故尔……若赵松雪、王叔明、黄子久、钱舜举辈，此真士气画也。"(《燕闲清赏笺·论画》)清代的王学浩也指出："王耕烟云：'有人问如何是士大夫画？曰：只一写字尽之。'此语最为中肯。字要写不要描，画亦如之，一入描画，便为俗工矣。"(《山南论画》)他们都把写画与描画作为区分文人画与画工画的一条标准。

如果说元代之前对绘画的欣赏还全部集中在形象本身的话，那么自元代开始，线条已上升为一种独立的审美对象。人们在欣赏画面构成的图像的同时，还能欣赏到画家走笔运势之美，这就使绘画有了更深的韵味。中国画从总体来说，就是线条的艺术，而这个观念其实是到了元代才真正确立起来的。

其次，以书法入画更加鲜明地突出了作家的个性。书法家在运笔成书时是因人而异的，它比形成套路的描画之法具有强得多的个性色彩。清代的蒋骥论道："书画一体，为其有笔气也。古人皴法不同，如书家之各立门户。其自成一体，亦可于书法中求之，如解索皴则有篆意，乱麻披则有草意，雨点则有楷意，折带可用锐颖，斧劈可用退笔。王常（蒙）石多棱角，如战掣体，子久皴法简淡，似飞白书。唯善会者师其宗旨，而意气得焉。"（《读画纪闻》）所谓笔气，即是指画家运笔时形成的个性气质，不同的皴法实际是画家揣摩前人后通过自我摸索而形成的独特笔法，一旦成熟，便成笔气。此外，用墨的干湿、浓淡也能显出个性，"笔墨间神与趣会，书画妙境也。古人作画用笔润而用墨干，粗细浓淡各有妙诀。"（邵梅臣《画耕偶录》）元代的绘画摈弃了宋院体画一味追求形似的倾向，转向于写意抒情，作者的主体意识空前提高，在这种形势下，以书入画自然就受到了人们的高度重视和推崇。

最早在元代提倡书法入画的还是善开风气的赵孟頫，他有一幅著名的《**秀石疏林图**》（004），该图现藏于故宫博物院。在图上，作者题有一首七绝诗：

> 石如飞白木如籀，写竹还与八法通。若也有人能会此，方知书画本来同。

这首诗中，赵孟頫具体指出了书法与绘画之间的

004 赵孟頫《秀石疏林图》

画为纸本，笔法显得格外清晰。画图正中是两块巨石，右后方还有两块形状不等的小石，都**矗**立在平坡上。近前有三株古木，两株叶已落尽，仅剩枯枝，另一株则尚未凋零。周围有小竹数丛，另有细草环绕石边。

贯通关系，实际上这也是作者本人创作经验的总结。飞白是书法的一种，相传创自汉末蔡邕，其特点是笔画中丝丝露白，形同枯笔。籀读作"宙"，是古代字体中的一种，又称大篆，流行于春秋战国时的秦国，后来演化成了一种特殊的书法。八法指汉字八种笔画的写法，它们是侧（点）、勒（横）、努（直）、趯（钩）、策（斜画向上）、掠（撇）、啄（右边短撇）、磔（捺）。后来人们便以八法代指书法。"写竹还与八法通"，是指要用书法的笔力、笔势以及间架等功法来画竹子。赵孟頫认为，若有人能领悟造化与书法线条之间的内在契同，那么就会懂得书法与绘画本来是一家这个简单而又深刻的道理。

　　现在不妨让我们来看一看赵孟頫本人的这幅《秀石疏林图》。画家非常明显地采用了三种笔法来作此画，最醒目的是居于中心地位的石头，赵氏采用了粗犷的飞白笔法，阔笔运势，边勾边皴，一气呵成。用墨时浓时淡，黑白相间，既表现了石头坚硬、拙劲的质感，同时，作者运腕挥洒时那种运动的态势也留在了图上。至于那三株古木，作者又采取了籀篆体的笔法。我们知道，籀篆体最鲜明的特点是圆劲，它的每一划都不露笔锋，不见棱角，而内里却又劲韧挺拔，给人生命力内蕴的感觉。清代有人称"篆书如铁石陷入屋壁"（恽敬《张皋文墓志铭》），非常形象地概括了籀篆体的美感特征。我们看画中那三株古木的枝干，明显地都

是采用籀篆笔法，每一根短枝都不见锋芒，且
不呈笔直状，多少带一点弧弯，似乎蕴含着弹
性。那两株枯木叶虽落尽，却给人生命力盎然
的感觉，这就是籀篆体的妙用。最后，巨石下
的竹丛和细草，作者又采用了峭利的笔法，笔
笔带出芒尖，如同书写的撇和捺，显得轻松潇
洒，秀丽可喜。此画由于采用了三种书法形式，
彼此之间构成鲜明的对比，给人以无穷的玩味。
作者诗中的主张在这里得到了很好的印证。

　　赵孟頫现存的作品中还有《兰竹石图》《秀
出丛林图》和《古木竹石图》等，在风格上也与
此画相类，只是表现得更为洒脱，也更富夸张意
味。上举皆属于木石题材，其实赵氏也以书法之
笔作山水，他的《双松平远图》即以同样的笔法
写石写树，著名的《水村图》在半生纸上用淡墨
干皴画出远山淡水，为后来的四大家开辟了新的
道路。文人山水画至此而放出异彩。

　　继赵孟頫而起的元末四大家在书画合流方面
各有千秋，形成了众采并陈的局面。其中笔如
其人、自我人格精神最鲜明的，当数倪瓒。倪瓒
的画在四大家中用笔最简略，可谓疏淡之至，他

自己说过，"疏者不厌其为疏"，"淡者不厌其为淡"（《云林画谱》）。因为用笔极为疏淡，不做任何渲染，就更加突出了线条的韵味。倪瓒的画给人印象是写出来的，不是画出来的。首先，他大多数情况下都采用干笔皴擦，极少色块的堆积，画面至为萧朗，露筋露骨。其次，倪瓒的笔法与别人不同，其他人一般多用中锋，籀篆体就是一种中锋，其笔势圆润，劲寓其中；而倪瓒则好用侧锋，又称偏锋，其特点是将腕力集中于笔尖部位。清代华翼纶解释偏锋说："偏非横卧、欹邪之谓，乃是著意于笔尖，用力在毫末，使笔尖利若铦刃。竖则锋常在左边，横则锋常在上面，此之谓以笔用墨，投之无不如志，难以言语形容。"（《画说》）用侧锋往往线条精瘦，而且易露锋芒。明代大画家董其昌论倪氏笔法时说："作云林画须用侧笔，有轻有重，不得用圆笔，其佳处在笔法秀峭耳。"（《画禅室随笔》）由于倪瓒使用侧锋干笔作山水，于是创造了折带皴的笔法，其特点是用尖笔斜拖，此种笔法绘出的山水，简淡稀疏，与任何人的作品不同。后人将此种风格称为秀峭。

未见过倪氏真迹的人也许会以为，倪的画属于娟秀清丽一类，其实不然。倪瓒的山水绝大多数是静寂萧萧的，用墨干枯，笔势苍毛，乍看随意率略，极为拙稚，实际上乃枯中见腴，拙中寓巧，只有细加体味，才能领略其中真正的秀逸之美。

让我们来看一看他中年时所画的那幅著名的《六君子图》（005）。据明代李日华说，它们是松、柏、樟、楠、槐、榆。图中是大片浩渺的湖水，更无波纹。上端有数座远山，用折带皴草草写出，无草无木，一片荒疏。江南本应山清水秀，生机盎然，但在倪瓒的笔下，却是萧瑟荒芜，满目苍凉。正因为此，人们的眼光势必再次集中于近处的六株古木，在它们的挺然屹立中体味某种生存的韵味。黄公望在此图右上角题一诗道："远望云山隔秋水，近看古木拥坡陀。居然相对六君子，正直特立无偏颇。"为作者揭示了此画的意蕴。倪瓒正是通过荒凉中的挺拔来标示某种人格精神，体现自己孤高气傲的品质。清代布颜图评倪瓒的山水画说："高士倪瓒师法关仝，绵绵一脉，虽无层峦叠嶂，茂树丛林，而冰

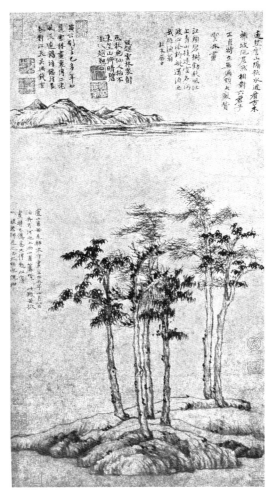

此图取景于倪瓒家乡的太湖之滨。江南的平原，无高山茂林，层峦叠嶂，所以其笔下是一片平旷。近处坡陀上站立着六株树木，树身挺拔，枝叶各不相同。

005　倪瓒《六君子图》

痕雪影，一片空灵，剩山残水，全无烟火，足成一代逸品。我观其画，如见其人。"（《画学心法问答》）所谓逸品，就是指某种超然独往、意在象外的审美风格。云林此画笔墨极简，其中的意蕴，令人回味不尽。此图笔法以干擦为主，树枝树叶初看既不工整也不秀丽，似乎粗头乱发，然而置于整幅画面之中去反复体味，却别有一番风采。谁都知道，松柏不是花卉，妩媚娟好就失去了其固有的气质。

然而倪瓒的古木又与吴镇的双桧图不同，树身瘦长，不作虬曲峥嵘状，枝叶多用侧笔，疏朗自然，似嫩实苍，在挺拔中透出一种潇洒秀逸之态。原来这才是云林心目中的君子形象！清代王昱在论画时指出："有一种画，初入眼时粗服乱头，不守绳墨，细视之则气韵生动，寻味无穷，是为非法之法。性其天资高迈，学力精到，乃能变化至此，正所谓'清水出芙蓉，天然去雕饰'，浅学焉能梦到！"（《东庄论画》）倪瓒的《六君子图》正属于这样的一种天真本色之美，仿佛魏晋时代的名士，土木形骸，不修边幅，而秀朗清高之气依然映射于外。这就是所谓的"有我之境"。如果没有内在高远的精神气质，徒在形式上下功夫，是不可能获得此种艺术效果的。

倪瓒不仅作山水图，他的竹石图也极负盛名，现存的作品有《竹枝图》《古木幽篁图》《竹石图》及《梧竹秀石图》等。用他自己的话说："仆之所画者，不过逸笔草草，不求形似，聊以自娱耳。"（《答张藻仲书》）"余之竹聊以写胸中逸气耳，岂复较其似与非，叶之繁与疏，枝之斜与直哉?"（《跋画竹》）我们看其现存的写竹图，未必见得就脱离了竹子的本真形象，甚而至于"为麻为芦"，应该说还是很得竹之神韵的。但是假如我们把倪瓒的竹子与稍前于他的李衎及同时的柯九思所画的竹子比较一下，感觉就不同了。李衎与柯九思都是元代画竹的名家，他们笔下的竹子精确入微，严守法度，俯仰、摇曳、晴雨、晦明，"尽得竹之情状"，几与造化争巧，达到了高度的写实。相形之下，倪瓒的竹子就显得逸笔草草，不在形似上注力，而侧重于主观意趣的表达。比如他的《竹枝图》，只画了一枝新竹，由左下方斜出，竹竿细瘦似芦枝，却苍劲健挺，竹叶细锐秀润，笔墨不多，而作者的潇洒隽朗之气跃然纸上。

另一幅《梧竹秀石图》也很有意思，画了一株梧桐，数竿疏竹，依靠在一块瘦长的太湖石旁。梧桐树干用干皴法画出，大段飞白，而树叶则用湿笔涂抹，形成疏密不等的数层。那块太湖石浓墨遍体，仅透孔处留有空白。而立于石后的秀竹却又淡墨轻施，竿细叶疏，造成浓淡干湿、秀嫩苍老等多层次的对比，极富笔墨之趣。不求形似、挥写逸气的特点在这一类画中表现得尤为突出。自宋代文人创造出这种"墨戏"形式后，元人将其发挥到了极致。

除了倪瓒之外，其他几家的书画功夫也各有造诣，王蒙自称"老来渐觉笔头迁，写画如同写篆书"，他现存山水图中的树木明显地采用了籀、篆画法，另外他也能画梅，据说其梅"轮囷偃强，以籀法写之，枝干皆细皴，花大如拳，古气苍莽"（钱杜《松壶画忆》），显然属于写意之作。吴镇诗、书、画兼长，笔法凝练坚实，"用笔如画铁"（钱杜《松壶画忆》），曾作有《竹谱》图册，共二十余幅，竹、兰、石形态纷异，笔调极具情趣，被视为吴的代表作。

四大家之外，如前面提到的李衎、柯九思，也都是以书法入画的名家，还有管道升、曹知白、朱德润、李士行等人，或以山水见长，或以竹石见称，均善于运用书法，体现出一代文人画家的审美意趣。特别是元末以《**墨梅**》（彩图4）著称的王冕，他画的梅花个性特点最强，枝条长长地伸出，呈起伏的弧线，上面缀满密蕾繁花，表现了富有弹性的生机，同时也体现出作者运笔的意趣，达到写意与写实高度的统一。元代的绘画界在这种书画合流的趋尚中别树一帜，创造了中国绘画史上的一个极其光辉的时代。

中国传统雅文化的精髓至元代全部集中到了绘画这一方天地之中，它虽然已经比前代狭窄得多了，却依然放射出耀目的精光。

# 异族情调的雅俗交融

元朝重新开通了丝绸之路，东西方交流再变通畅，草原文明与农耕文明在这里碰撞交汇，众多民族在一起共存混居。这段冲突与融合交织的历史，结出了炫彩夺目的艺术之花。

# 1

## 大漠之风

### 草原风俗与新的审美趋尚

　　生活是一个复杂的多层面组合，美也不是单纯的存在。假如说文学艺术是审美文化最高且最纯粹的表现的话，那么在人们的生活当中实际上还存在着更为广阔、更为繁杂的美的形态，它们虽没有艺术那样纯粹，却更加贴近生活，事实上它们就是生活的一部分。我们这里所指的审美形态是民风民俗，这个层面是又一种饶有趣味的存在，通过展示它们，可以看到审美文化的多元性和丰富性。

元代的民俗风尚是多彩多姿的，这是由广大的疆界和众多的民族决定的，其中最引人注目的是北方草原地区的风俗文化。如果说戏剧把我们带到了元代的舞台之上，绘画把我们带进了文人的精神境界之中，那么来自北方的民风民情则把我们带向了那一望无际的蒙古大草原。

**以勇为美的蒙族习性**

由中原北上，出居庸关，是连绵起伏的山岭，登高远望，群山之北，即是一望无垠的蒙古草原。环望南北，判然成为两个世界，"俯视太行诸山，晴岚可爱，北顾但寒烟衰草，中原之风自此隔绝矣"（李志常《长春真人西游记》）。辽阔的蒙古高原平均海拔在 1 000 米以上，中南部是横贯东西的戈壁沙漠，千里之间寸草不生，其中有不少的山丘，有的像残败的城堡，其实都是砂石堆积起来的，荒漠之中杳无人烟。漠南和漠北有大片的草原，天壤相接，一望无边，"无复寸木，四望惟黄云白草"（李志常《长春真人西游记》）。远远地，一辆辆毡车白帐，在缓缓行进，点缀出那一派独特的草原风光。遇到有河流的地方，两岸可以见到丛柳，那是唯一的灌木，牧民们往往用它来营造帐篷。这里的气候与中原地区迥不相同，没有明显的气节之分，"其气候寒冽，无四时八节，四月、八月常雪，风色微变"、"其产野草，四月始青，六月始茂，八月又枯"（彭大雅、徐霆《黑鞑事略》）。因为地势高，纬度也高，所以早晚温差很大，有些地方即便是夏天，夜间也会结冰，令人"手足俱冻"。入春之际还常有飓风，刮风时节，漫天飞沙，数尺之外，不能见物。大漠草原上的蒙古各族就是在这样的自然环境中繁衍生存的。

草原的主要生活方式是放牧，人们牧养的牲畜有马、牛、羊和骆驼等。羊以绵羊为主，草原的绵羊毛长尾大，被称作扇尾羊。牛的个头硕大，全都是黄牛，它们并不耕犁，最多只用来拽车，所以多不穿鼻。最受牧民喜爱的是马，它们健壮有力，极耐风寒，善于急驰奔跑，而又天性柔顺，容易驾驭，平时不用控系，也不走逸。蒙古的骆驼有双峰的，有单峰的，也有无峰的，它们属于耐风沙、耐高寒的动物，可以用来拉车，皮毛还可制毡。草原牧民的饮食全部来自这些牲畜，他们饮的是马乳，吃的是羊、牛和马肉。烹饪的方法主要是火烤，"火燎者十九，鼎烹者十二三"（《黑鞑事略》），手段比中原地区要简单得多了。燃料呢，是牛马粪便，又称作草炭。可以说，离开了牲畜，草原民族一天也活不下去。为了牧养为数众多的牲畜，牧民们必须不断地迁徙，"逐水草而居"。一般夏季寻找背阴凉爽的山地，冬季则迁往比较温暖的草甸。这种长期的游牧生活养成了蒙古民族喜欢流动、不受拘束的性格。

除了放牧之外，蒙古各部其实还经常打猎，可见《元人步射图》（006），打猎是游牧生产的一种补充形式。在蒙古草原上有不少的野生动物，最常见的如兔、鹿、狼、顽羊、黄羊、野猪、野驴、黄鼠等，河边湖畔还有天鹅、鹤一类的飞禽。顽羊也即羱羊，属于山羊的一种，

006　元人步射图（元刻本《事林广记》）

身躯高大，长着硕大弯曲的双角。黄鼠其实是
一种土拨鼠，尾巴短短的，冬天喜欢成群地拥
在地洞里冬眠，它们是蒙古人最喜爱吃的野味
之一。当时有人这样描写草原的打猎生活："塞
雨初干草未霜，穹庐秋色满沙场。割鲜俎上荐
黄鼠，献获腰间悬白狼。"（柳贯《还次桓州》）
蒙古人用来捕捉野兽的武器主要是弓箭，他们
的箭头是用动物的骨头磨制成的，有相当的杀
伤力。蒙古族又人人善于骑马，打猎都是在马
上进行，他们最擅长的技术是边跑边射，命中

率极高。每年各个部族都有若干次大规模的围猎行动，由部族首领打头。围猎的方式是先在某处挖出一条长沟，沟边插上木桩，再用兽毛制成的绳索将木桩围系起来，缀上羽毛，然后人们分成数队，呐喊造势，把野兽驱赶至此，加以击杀。围猎进行时，风飑沙飞，喊声动天，百兽惊骇，这种场面与战争十分相似。

其实打猎本身就是一种战争的训练，蒙古民族正是通过这种形式来实行战备，提高战斗力。据史籍记载，蒙古人作战好采用围攻方式，而且全用骑兵："故其骑突也，或远或近，或多或少，或聚或散，或出或没，来如天坠，去如电逝，谓之鸦兵撒星阵。其合而分，视马棰之所向，其分而合，听姑诡之声以为号，自迩而远，俄顷千里。"（《黑鞑事略》）可见草原民族的生产方式与他们的作战方式之间存在着密切的关系。为了培养强壮的体魄和熟练的骑射能力，这个民族在孩子刚学会走路不久就让他们练习骑马，培养马上功夫。由于自小就生长在鞍马之上，全民皆兵，旦旦逐猎，蒙古人自然养成了勇武强悍、粗犷豪放的性格，推崇勇敢、好强争胜是蒙古民族普遍的心理，这种性格和心理也自然而然地渗透到他们的审美活动当中。

蒙古人最普及的游戏是射击〔可见《**元人马射图**》（007）〕、击球和摔跤数种。射击又分为两个项目，一项是射柳枝。这种比赛一般在春季举行，柳枝被插成两行，数量视参加者多少而定，射手各以手帕系在属于自己的柳枝上，作为记号。柳枝的下端削去了青皮，插入土中，露出五寸左右的白梗。射击者必须在骑马奔驰中以箭射断白梗，方为胜利。如果射手能够在击断枝梗的

007　元人马射图（元刻本《事林广记》）

一瞬间再用手接柳条而驰去，则为大胜。这种游戏在契丹和女真族中也颇流行。还有一种射击游戏叫射圃，又称开垛场：

> ……束杆草为人形一，为狗一，剪杂色彩缎为之肠胃，选达官世家之贵重者交射之。……射至糜烂，以羊酒祭之。(《元史·祭祀志》)

原来射圃这种游戏和射柳一样都属于兼练武与娱乐为一身的活动。立国以后，射击步入了宫廷，在变为宫廷娱乐的过程中，射圃又逐渐演化成带有象征意义的国家仪典："其制，宰执奉弓执箭，跪以进，太子受弓后，发矢至高远，名射天狼。三矢而上。宰执揖让，进拜太子后，开弓发数矢。诸王如上发矢，不以虎侯，豹虎熊侯，以草为人作侯，尊国典也。"(《析津志辑佚·岁纪》)骑术和射击本是蒙古民族最重要的生产和战斗手段，它们也成为蒙古民族尚武好强、开拓进取的象征。

与骑马术有关的另一项体育游戏是击球，它同样是在马上进行的。虽然这项活动在唐宋间即已开展，但将其技艺挥发到淋漓尽致、动心骇志境界的恐怕还是在元朝。据记载：

> 先以一马前驰，掷大皮缝软球子于地，群马争骤，
> 各以长藤柄球杖争接之。而球子忽绰在球棒上，随马走
> 如电，而球子终不坠地。力捷而熟娴者，以球挑剔跳掷
> 于虚空中，而终不离于球杖。马走如飞，然后打入球门
> 者为胜。当其击球之时，盘屈旋转，倏如流电之过目，
> 观者动心骇志，英锐之气奋然。（《析津志辑佚·风俗》）

当时有人写诗形容蒙古人打马球的情景说：
"锦绣衣分上下明，画门双柱耸亭亭。半空彩杖
翻残月，一点绯球进落星。翠柳小厅喧鼓吹，
玉鞭骄马蹙雷霆。少年得意风流事，可胜书生
对流萤。"（张弘范《打球》，《张淮阳集》）由诗
中可以想见"运动员"们意气风发、踌躇满志
的情态。

跟骑术无关、但同样为蒙古民族喜爱的一项
体育活动是摔跤。摔跤又称角抵或厮搏，它是
一种力与技巧相结合的体育运动，取一对一的形
式，竞争性强，富于刺激性，同时又具观赏性，
所以在蒙古各部族中甚为流行。凡是草原上出了
名的摔跤手，都会受到所有人的尊敬，他们被称

为"孛可",也即力士。各部族每年都要举行各种形式的摔跤比赛,赢者将得到丰厚的奖品。这种传统由草原一直延续到宫廷里,仁宗时甚至成立了专管摔跤手的机构,叫"勇校署","以角抵者隶之"(《元史·仁宗本纪》)。有人曾经以诗的形式记录了皇宫里的比赛情形:"红云霭霭护棕毛,紫风翩翩下彩条。武士承宣呈角抵,近臣侍宴赐珠袍。"[1]"黄须年少羽林郎,宫锦缠腰角抵装。得隽每蒙天一笑,归来驺从亦辉光。"(王沂《上京诗》,《伊滨集》)在蒙古人看来,健壮、强悍的体魄和无畏、英勇的精神是一种最高的美,因此摔跤手们受到上至皇帝、下至平民的喜爱也就理所当然了。

为了适应高原寒冷的气候和马上的生活方式,蒙古民族有自己**独特的民族服装**(008),最为普遍的是长袍,他们自己又称之为"答忽"(搭护)。这种袍子的领是方形的,袖较窄,在右边扣扣子,边上开口到腰部,这是为了上下马背的方便。一般要在腰部用彩带或彩色的丝线紧紧扎起来,此称之为腰线。束腰的目的当然主要是为了马上操作的利索,但同时也突出

008　元代士兵、军官、侍卫的装束（元刻本《全相五种平话》）

了身段的挺拔好看，"盖欲马上腰围紧束，突出彩艳好看"（《黑鞑事略》）。长袍一般都是用兽皮做的，有的毛翻向外，有的则毛朝向里，男女差别不大。入主中原以后，由于得到了大量的丝织品，蒙古人也开始用锦缎、丝绢来制作长袍的面子。马可·波罗来华时见到的蒙古人的服装是"衣金锦及丝绢，其里用貂鼠、银鼠、灰鼠、狐之皮制之"[2]，锦缎制作的长袍已比较考究，"色以红紫绀绿，纹以日月龙凤"（《黑鞑事略》）。到了后来，妇女的长袍与男子的式样渐渐区别开来了，《析津志》一书中详细描写了大都贵族妇女的节日服装："袍多是用大红织金缠身云龙，袍间有珠翠云龙者，有浑然纳失失者（绣金锦缎），有金翠描绣者，有想其于春夏秋冬绣轻重单夹不等。其制极宽阔，袖口窄，以紫织金爪，袖口才五寸许，窄即大，其袖两腋摺下，有紫罗带拴合于背，腰上有紫纵系，但行时有女提袍，此袍谓之礼服。"（《析津志辑佚·风俗》）这种长袍的款式已经受到了中原地区审美观念的影响，实用渐退居其后，美观上升成为主要的标准。然而蒙古民族的基本特色还是很鲜明的。蒙古人穿的鞋子主要是靴，有旱靴、钉靴、花靴、蜡靴等。靴子是用皮革制作的，具有防寒保温的功能，同时也适合于骑马踏镫和草原行走。当束腰的长袍与皮靴相配起来时，自然给人一种英武、匀称的感觉。

蒙古人的发型也颇有特色，男子不论贵贱老少皆剃一种叫"怯仇儿"的发式，见**元成宗铁穆尔画像**（彩图5），其实很简单，就是将头顶一圈头发去掉，前额留一方形搭头，颇像中原儿童的发式，此或许与蒙古人的"贱老而喜壮"有关。妇女则在结婚以后把自头顶到前额的头发剃光，周围结成辫子。从发型看，蒙古人的审美观是朴素的，并不考究，然而蒙古妇女却有一种特殊的头冠，造型独特，色彩缤纷，体现了蒙古民族爱美而又富于创造的个性。此种头冠称作固姑冠（又作罟罟冠），史籍中有很多关于此冠的记载，它高约二尺，呈细长的桶状，由底部到上端逐渐加粗，顶端成正方形。冠子里边用柳条或铁丝扎成骨架，外面裹以丝绢织锦，然后再缀上各式各样的珠宝饰物，最后，在冠顶还要插上一支长长的彩色羽毛，见**元世祖皇后察必画像**（彩图6）。一位西方来的传教士这样描写他所看到的固姑冠："当几位贵妇骑马同行，从远处看时，她们仿佛是头戴钢盔手持长矛的兵士，因为头饰看来像是一项钢盔，而头饰顶上的一束羽毛或细棒则像一枝长矛。"（鲁不鲁乞《出使蒙古记》）元代诗歌中也有关于固姑冠的咏唱：

> 香车七宝固姑袍，旋摘修翎付女曹。别院笙歌承宴早，御园花簇小金桃。（原注：凡车中载固姑，其上羽毛又尺许，拔付女侍手持，对坐车中。虽后妃驼象亦然。）（杨允孚《滦京杂咏》）

> 双柳垂鬟别样梳，醉来马上倩人扶。江南有眼何曾见，争卷珠帘看固姑。（聂碧窗《咏北妇》）

总而言之，这是一种草原民族特有的、能让人同时产生阳刚与阴柔两种美感的装饰物。1957年一支文物考古队在内蒙古四子王旗乌兰花镇发掘元代贵族陵园时，出土了数件罟罟冠，其彩绸花带、孔雀羽毛及绚丽多样的装饰与古籍的记载完全一致。随着各民族之间的交流逐步扩大，罟罟冠也流行到了其他民族当中，成为当时一种颇为时髦的风尚。

草原牧民的生活处在不断的迁移、流动过程当中，因此蒙古民族的居住习惯和家园观念与中原农耕地区必然不同，哪儿有水草，哪儿就是家。在他们看来，长期固定地居住在一个地方反而是不可思议的。与这种生活方式相适应，蒙古族居住的处所不是砖木建造的房子，而是毡帐，又称穹庐。它是圆形的，用柳树枝扎成骨架，上面覆以厚厚的毡子，然后再用绳子紧紧地将毡子捆住，绳子的另一头固定在地上。这种毡帐不仅构造简便，而且可以迁移。《马可·波罗行纪》描述说："其房屋轻便，易于携带。每次编结其屋之时，门皆向南。彼等有车，上覆黑毡甚密，雨水不透，驾以牛驼，载妻儿于其中。"迁移的时候，毡帐被架至车上，妇女儿童卧坐于帐中，男人在前面赶着牲口。车子往往不止一辆，主人将这些车子一辆接一辆地拴在一起，一个人在前面赶，后面的牛、驼就会顺从地依次跟随，远远地看去像一个长长的车队，这就是一个家族的迁移。游牧民族与中原农耕民族最大的文化差异大概就在这里，一个喜欢定居，一个喜欢迁移。

　　常年的居无定所养成了蒙古民族粗放朴质、四处为家且富于进攻的品性。成吉思汗立国以后，出于统治的需要，大汗们不得不考虑建立都城。最早的都城是由窝阔台建立的，地址在漠北草原深处，今蒙古国境内，称哈剌和林。这实际上是开始了一种文化的转型和过渡。所谓都城，其实并无城墙楼宇，只是一大群固定的毡帐而已。帝王的毡帐，规模要比普通牧民大多了，蒙古人称它们做斡耳朵。斡耳朵不仅仅是一种巨型帐幕，它实际上也是蒙古文化的一种载体，它记载了蒙古民族在进入中原地区的过程中，由迁移向固定式生活的转变，记录了蒙古民族在住所建造方面所体现出来的聪明智慧和审美趣向；它还记录了这个民族一切重大的文化事件和活动，许多外来的使节和汉族官员就是在斡耳朵里认识和了解了蒙古帝国，并通过转述将这些情况流传到世界各地去，可见**元代迎客图**（009）。这里且录几首汉人写的诗作来看一看斡耳朵内发生的事情：

> 毳幕承空柱绣楣，彩绳亘地掣文霓。辰旄忽动祠光下，甲帐徐开殿影齐。芍药名花围簇坐，葡萄法酒拆封泥。御前赐酺千官醉，恩觉中天雨露低。（原注：车驾驻跸，即赐近臣酒马奶子。御筵设毡殿失剌斡耳朵，深广

009　元代迎客图（元刻本《事林广记》）

可容数千人。上京五月芍药始花。）（柳贯《观失剌斡耳
朵御宴回》）

　　千官万骑到山椒，个个金鞍雉尾高。下马一齐催入
宴，玉阑干外换官袍。（原注：每年六月三日，诈马宴
席，所以喻其盛事也。千官以雉尾饰马入宴。）（杨允孚
《滦京杂咏》）

为爱琵琶调有情，月高未放酒杯停。新腔翻得凉州曲，弹出天鹅避海青。（原注：《海青拿天鹅》新声也）（杨允孚《滦京杂咏》）

蒙古君主的斡耳朵的确是宏伟壮观的，它由最早的可容数百人扩大到能容数千人，相当于我们今天的大中型会议厅。斡耳朵的外部用白毡或红毡搭盖，有时还用条纹相间的狮、豹等兽皮搭盖，牵拽大帐的绳索全是五彩的，在草原的衬托下显得格外耀眼。内部由帐顶至环壁皆覆以灿烂的织锦，有的地方还衬以貂皮。帐幕中所有的柱子都被镏金雕花，地面上铺着厚厚的地毯。皇帝的座位区域用木板搭起了高台，高台上有皇帝的胡床，也有皇后及其后妃、子女的座位。高台两边有阶梯，开宴会的时候，向皇帝敬酒的人，从一条阶梯走上去，再从另一条阶梯走下来。蒙古皇帝就在这样的环境中接见外国使臣，召开议事会，还举行大型的宴会。毫不夸张地说，13世纪的历史相当的部分就是在这里写就的。

蒙古人的历史也离不开酒。草原上五谷不生，所以蒙古民族没有粮食酒，在征服西域之

前，葡萄酒也未进入草原。但是草原民族依然有
自己的饮料，这就是上引诗文中提到的"马奶
子"，蒙古人又称之为"忽迷思"。马可·波罗
在《行纪》中记录了这种蒙古酒："鞑靼人饮马
乳，其色类白葡萄酒，而其味佳，其名曰'忽迷
思'。"法国人沙海昂（A. J. H. Charignon）在《马
可·波罗行纪》注释中解释说：

> 忽迷思为蒙古人及亚洲游牧习用之饮料，制造之
> 法如下：用马革制一有管之器，洗净，盛新鲜马乳于其
> 中，微掺酸牛乳，俟其发酵，以杖大搅之，使发酵中
> 止。凡来访之宾客，入帐时必搅数下，如是制作之马
> 潼，三四日后可饮。忽迷思可以久存，相传其性滋补，
> 且谓其能治療疾，其味不尽为人所喜。卢不鲁克曾言其
> 味刺舌，与新酿之葡萄酒无异，饮之者似饮杏仁浆，有
> 时使人醉。[3]

正如葡萄酒有红、白两种一样，忽迷思也
有黑白两种，似以黑者为佳。酒在蒙古人的生
活中有着多重的功用，皇帝祭天、祭祖宗时用
它，宴请宾客时用它，外出打猎时也用它，一
般蒙古牧民生活中更缺不了它。除了助兴交际

之外，饮酒还有驱寒暖身的作用，"冻生耳鼻雪堪理，冷入肝肠酒强支"（杨允孚《滦京杂咏》），甚至蒙古人豪爽不羁的性格也未必不与大量饮酒有关。

蒙古人好豪饮，同时也好唱歌跳舞。他们往往在酒酣耳热之际手舞足蹈，又唱又跳，"当他们举行盛大宴会时，他们全都拍着手，并随着乐器的声音跳舞"（鲁不鲁乞《出使蒙古记》）。唱歌跳舞是蒙古民族共同的喜好，不分男女老幼。它属于一种激动情绪的表达，其实并不带有表演的性质，只是为了尽兴而已。甚至在战场上，他们也要奏乐歌唱，"鞑靼人作战以前，各人习为歌唱，弹两弦乐器。其声颇可悦耳。弹唱久之，迄于鸣鼓之时，两军战争乃起，盖不闻其主大鼓声不敢进战也"[4]。蒙古人唱的歌曲"雄伟壮丽，浑然若出于瓮"（孔齐《至正直记》卷一），风格颇富阳刚之美。他们的乐器以弦乐为主："鞑靼乐器如筝、秦琵琶、胡琴、和必斯之类，所弹之曲与汉人曲调不同。"（陶宗仪《辍耕录》卷二十八）其传统的曲子有哈巴儿图，口温，阿耶儿虎，答剌、哈尔火失合赤、阿林捺、曲律买，马哈等等（陶宗仪《辍耕录》卷二十八）。
这些乐曲大概每一个蒙古人都会弹唱，且代代相
传。除了自娱之外，在宴会之时，宫廷内还有专
职的歌舞演员，她们来自不同的民族，其表演也
融汇了各地的音乐舞蹈。请看下列数诗：

> 仪凤伶官乐既成，仙风吹送下蓬瀛。花冠簇簇停歌
> 舞，独喜萧韶奏太平。（原注：仪凤司，天下乐工隶焉。
> 每宴，教坊美女必花冠锦绣，以备供奉。）（杨允孚《滦
> 京杂咏》）
>
> 西天法曲曼声长，璎珞垂衣称艳妆。大宴殿中歌舞
> 上，华严海会庆君王。（张昱《辇下曲》）
>
> 西方舞女即天人，玉手昙花满把青。舞唱天魔供奉
> 曲，君王常在月宫听。（张昱《辇下曲》）

上举诗中提到的箫韶是汉族的雅乐，所谓
"大朝会用雅乐，盖宋徽宗所制大晟乐也"（叶
子奇《草木子》卷三下）。法曲和前诗提及的凉
州曲则来自西域，它们早在唐代业已传入中原，
与中原地区的汉族音乐产生了交汇。至于前引
诗中提到的《海青拿天鹅》，应是乐工据凉州曲
改编的反映草原生活的乐曲。海青即海东青，

是北方地区的一种鹰，身形较小，经猎人驯化后，能擒拿天鹅。天魔舞则自吐蕃传入，属于宗教乐舞，"其俗有十六天魔舞，盖以朱缨盛饰美女十六人，为佛菩萨相而舞"（叶子奇《草木子》卷三下），又称"十六天魔舞"。实际上还远远不止这些。蒙古人是爱好唱歌舞蹈的民族，他们通过音乐舞蹈逐渐地了解其他民族的审美文化，并在这个过程中逐步融入中华民族这个大家庭中来。

## 喜歌好舞的西部风尚

元代辽阔的疆域当中，还有一个多民族集聚的、充满神秘色彩的地区，它就是人们所俗称的西域。汉代张骞打通东西之隔、建成丝绸之路以后，经过汉、唐两代的交往，西域与中原已经建立起了密切的联系。五代以后，由于战争割据，这种关系曾一度中衰。蒙古建国，大力向西扩展，其势力范围所及，达到了欧亚的交界地带，这就再一次将中原与西部地区紧紧连成了一片，并且大大促进了各民族间的融汇和交流。成吉思汗死后，他的疆土被儿子们分为四个汗国，但名义上仍有一个最高的大汗来统摄，并且彼此交流也未中断。西域，这个充满传奇色彩的地区于是重新向人们撩起了她神秘的面纱。

河西走廊以西，出玉门关和阳关，自然环境与东部迥异。北部是阿尔泰山脉，当时又称金山。"其山高大，深谷长坂，车不可行。"（《长春真人西游记》）"雪压山峰八月寒，羊肠樵路曲盘盘。"（耶律楚材《过金山用人韵》）稍南是吉尔班通古特沙漠，南北数百里，东西千余里，沙岭起伏，若戈壁之海。更南近千里是西域最大的戈壁——塔克拉玛干沙漠，"骑行垂一年，尚不能自此端达彼端。狭窄之处，须时一月，方能渡过"[5]。它是西行道路上最大的屏障。西域的沙漠与漠北又不同，"其沙细，遇风则流，状如惊涛，乍聚乍散，寸草不萌。"（《长春真人西游记》）两大沙漠之间，便是闻名中外的天山山脉。雄奇壮丽的天山堪称世界一大奇观，其山半腰以上终年积雪，南北两麓却青葱苍翠。雪水化为飞泉泻下，汇成纵横的河流，浇灌着山下大片丰美的草原。这里牛羊成群，田园离离，一派独特的塞外风光。沿山麓一带就是当年丝绸之路的通道。契丹人耶律楚材随成吉思汗西征时，途经这里，曾经写下过惊叹的诗篇：

> 阴山（天山当时又称阴山）千里横东西，秋声浩浩鸣秋溪。猿猱鸿鹄不能过，天兵百万驰霜蹄。万顷松风落松子，郁郁苍苍映流水。天丁何事夸神威，天台罗浮移到此。云霞掩翳山重重，峰峦突兀何雄雄！古来天险阻西域，人烟不与中原通。细路萦纡斜复直，山角摩天不盈尺。溪风萧萧溪水寒，花落空山人影寂。四十八桥横雁行，胜游奇观真非常。临高俯视千万仞，令人凛凛生恐惶。百里镜湖山顶上，旦暮云烟浮气象。山南山北多幽绝，几派飞泉练千丈。大河西注波无穷，千溪万堑皆会同。君成绮语壮奇诞，造物缩手神无功。山高四更才吐月，八月山峰半埋雪。遥思山外屯边兵，西风冷彻征衣铁。（《过阴山和人韵》之一）

> 八月阴山雪满沙，清光凝目眩生花。插天绝壁喷晴月，擎海层峦吸翠霞。松桧丛中疏畎亩，藤萝深处有人家。横空千里雄西域，江左名山不足夸。（《过阴山和人韵》之三）

　　天山可谓集南北山峦之精华，既有西北峭拔险峻的雄奇之美，又具江南清秀娟静的妩媚之美。有意思的是，此地人民在生产上也是两种方式并举，既放牧牲畜，也从事田园耕作，此既不同于漠北，也不同于中原。马可·波罗经过这一带时记载说："有甚美之园林，有葡萄园，有大产业，出产棉花，甚饶。""居民恃土产之麦为食"，"居民恃耕地、牧畜为生。"[6]实际上居住在天山南北两麓的民众并不是居无定所、到处迁移的，他们有着固定的住所，拥有属于自己的土地，并且构建了村落与园林。耶律楚材曾在西域居留八九年，对此有过详细的描述："春色多红树，秋波总绿陂。不须赊酒饮，随分有驴骑。畎亩栖禾粟，园林足果梨。春粳光灿玉，煮饭滑流匙。"（《怀古一百韵寄张敏之》）"决水溉田圃，无岁无丰穰。远近无饥人，四野栖余粮。是以农民家，处处皆池塘。飞泉绕曲水，亦可斟流觞。早春而晚秋，河中类余杭。濯足或濯缨，肥水如沧浪。杂花间侧柏，园林如绣妆。烂醉葡萄酒，渴饮石榴浆。""甘瓜如马首，大者狐可藏。采杏兼食核，餐瓜悉去瓤。西瓜大如鼎，半枚已满筐。杷榄贱如枣，可爱白沙糖。"(《赠高善长一百韵》)从诗中可见，西域地区的农耕生产已经相当发达，人们懂得了引水灌溉，而且种植的种类也丰富而繁多，有麦、稻、棉花，还有各种各样的水果，难怪耶律楚材要将其与江南相媲美。

然而，除了耕作之外，西域的人民实际上还放养牲畜，家家都有牛羊和骆驼。实际上对于当地人来说，放牧才是更为传统的生活方式，而耕作则是后来受河西走廊传入的中原生产方式的影响逐步发展起来的。正因为如此，所以在西域还流行着所谓"垅生羊"的传说，人们相信在某些地方，土中能够长出羊羔来。据说将羊的骨头植入土中，浇上水，到了春天，人们带着乐器来到田间，又吹又唱，田垅中就会冒出一排一排的羊羔来，一副羊骨能够繁殖三四只羊羔。初出生时羊羔的脐带与土中相连，待长大一些之后，它们自己挣断脐带，就到处跑着吃草了。元代的诗人吴莱还专门写过一首《西域种羊皮书褥歌》宣扬这件事。当然了，这个传说中所指的土中之羊其实并不存在，所谓

"垅种羊"不过是棉花而已。去过西域的耶律楚材已经将此事的真相揭开了："家家植木棉，是为垅种羊。"(《赠高善长一百韵》)然而传说本身恰恰说明了在西域存在着畜牧和耕种这样两种生产方式的事实。

西域地区居住着众多的民族，据去过那里的中原使臣说："有磨里奚磨可里、纥里、迄斯乃蛮、航里、瑰古、途马、合鲁诸番族居焉。"(刘祁《归潜志》卷十三)他们中有的信伊斯兰教，有的信佛教，还有的信基督教，其中占多数的是伊斯兰教徒。因为这一带历史上与中亚穆斯林地区来往密切，不少人就是从中亚地区迁徙来的。当地人一般都喜欢穿白色、宽大的衣服，男人习惯用六尺长的白布缠在头上，妇女则好用漂亮的丝织品来做装饰，脸上还要用丝帛遮盖起来："酋豪之妇缠头以罗或帛，或紫或绣花卉，织物象，长六七尺。发皆垂，有袋之以绵者，或素，或杂色，或以布帛为之者。不梳髻，以布帛蒙之，若比丘尼状，庶人妇女之首饰也。衣则或用白毡，缝如注袋，窄上宽下，缀以袖，谓之衬衣，男女通用。"(《长春真人西游记》）西域人的生活器皿喜欢用铜制作，另外也从中原引进了制瓷技术，酒器则喜欢使用波斯进口的玻璃杯盏，"满城铜器如金器，一市戎装似道装。剪簇黄金为货赂，裁缝白毡作衣裳"（丘处机《西域诗》），"琉璃钟里葡萄酒，琥珀瓶中杷榄花"（耶律楚材《西域蒲华城赠蒲察元帅》）。西域的各民族普遍好饮酒，他们家家有葡萄园，因此酒皆自酿，不用赊买。这习惯与蒙古民族颇为接近。

西域民族也特别喜爱唱歌跳舞。马可·波罗在哈密州看到的情形是："其人爱娱乐，只知弹唱歌舞。"[7]耶律楚材也形容当地的歌舞说："异域丝簧无律吕，胡姬声调自宫商。"（《戏作》之二）"素袖佳人学汉舞，碧髯官妓拨胡琴。"（《赠蒲察元帅》之五）据说在回纥族人当中有部分长髯的妇女尤善歌舞，这一点刘祁的《北使记》也有记载："其妇人衣白，面亦衣，止外其目。间有髯者，并业歌舞音乐。"（《归潜志》卷十三）回纥族是今维吾尔族的祖先，他们爱好歌舞的传统一直保留至今。由于西域地区与中原的交往具有悠久的历史，因

此，他们的歌舞也和他们的生产一样不同程度
地受到了中原汉民族的影响。除了歌舞以外，
其艺术还有杂剧、百戏等，而且也早就拥有了
自己的专职演员。总之，西域文化具有浓厚的
伊斯兰文化的色彩，同时也兼有中原文化与佛
教文化等其他类型文化的特色，属于一种混合
型的多元文化。

**民族风情的万花筒**　　随着中国全境的统一，中原地区趋
向安定，漠北草原和西北的各族纷
纷向中原迁移，"皆以中原为家"，
开始了民族大融合的过程。13 世纪
60 年代蒙古帝国第五代君主忽必烈继窝阔台后，
在今内蒙古滦水之北建立了第二个都城——开
平府，其位置已移到了中原的门口。忽必烈就
在那里改国号为"大元"。开平府的建立标志着
草原民族的文化转型进入了一个新的阶段。客
观地说，草原民族、农耕民族的融合更多地是

在各地大小不一的城市当中实现的，而尤以都城为最。因为那里是多民族混居的集结点，不同文化之间互相影响最为突出，开平府的建构就明显地体现了这两种文化合流的特点。首先，它建有大范围的城墙，外有皇城，内有宫城，这是农耕文化的特征。据马可·波罗目击，开平宫墙的外边是草原，里边依然是草原："内有泉渠，川流，草原甚多，亦见有种种野兽，唯无猛兽。是盖君主用以供给笼中海青鹰隼之食者也。"[8]这又是游牧文化的体现。其次，宫墙内有两种建筑物，一种是与中原地区相同的砖石竹木结构的宫殿，另一种则依旧是斡耳朵，又称"棕毛殿"："北极修门不暂开，两行宫柳护苍苔。有时金锁因何掣，圣驾棕毛殿里回。"（杨允孚《滦京杂咏》）除了宫殿的建造之外，开平府的生活也已经体现出多民族融合的特征，请看下列诸诗：

> 脱圈窈窕意如何，罗绮香风漾绿波。信是唐宫行乐处，水边三月丽人多。（原注：上巳日。滦京士女竞作绣圈，临水弃之，即修禊之意也。）

> 紫菊花开香满衣，地椒生处乳羊肥。毡房纳石茶添
> 水，有女褰裳拾粪归。（原注：紫菊花，唯滦京有之，名
> 公多见题品。地椒草，牛羊食之，其肉香肥。纳石，靾
> 靶茶。）

> 百戏游城又及时，西方佛子闳宏规。彩云隐隐旌旗
> 过，翠阁深深玉笛吹。（原注：每年六月望日，帝师以百
> 戏入内，从西华入，然后登城设宴，谓之游皇城是也。）

（杨允孚《滦京杂咏》）

从诗中可见，中原的修禊风俗和来自西方的佛教典礼都已被人们普遍接受。可以肯定地说，开平府的建立为元代正式定都中原，为大规模的民族交融奠定了基础，准备了条件。

开平建城十余年之后，忽必烈又在燕京即今天的北京建造了一个规模更大得多的都城，定名为大都。从此，开平改称上都，降作陪都，而大都正式成为元代的首都。如此短暂的时间，建设两个都城，从关外移入关内，而且一个比一个更大，充分表明了元朝统治者与中原文化融合的决心。正如西方人指出的，这时的忽必烈已不是蒙古帝国的君主，而是"一个真正的

中国皇帝"〔9〕了。燕京本金之中都，经过了战争蹂躏，一度残败，几成废墟。元朝避开了它的旧址，在原城东北建造了自己新的都城。负责建筑工程的有汉人、蒙古人、女真人，还有来自西域的色目人。全城方圆六十里，历时十年才告竣工。就在建成不久，马可·波罗来到了中国，作为西方使者，他对这座东方的都城赞叹不已，奉为奇观。现录其《行纪》中有关宫城的描述部分，以供欣赏：

> 此城在契丹州之东北端，其大宫殿之所在也。宫与新城相接，在此城之南部，其式如下：周围有一大方墙，宽广各有一里，质言之，周围共有四里。此墙广大，高有十步，周围白色，有女墙。此墙四角各有大宫一所，甚富丽，贮藏君主之战具于其中，如弓、箙、弦、鞍、辔及一切军中必需之物是已。四角四宫之间，复各有一宫，其形相类。由是围墙共有八宫，甚大，其中满贮大汗战具。……此墙南面辟五门，中间一门除战时兵马仗伎由此而出外，从来不开。中门两旁各辟二门，共为五门。中门最大，行人皆由两旁较小之四门出入。此四门并不相接，两门在墙之两角，面南向。余二门在大门之两侧，如是布置，确使此大

门居南墙之中。

此墙之内，围墙南部中，广延一里，别有一墙，其长度逾于宽度。此墙周围亦有八宫，与外墙八宫相类。其中亦贮君王战具。南面亦辟五门，与外墙同，亦于每角各辟一门。此二墙之中央，为君主大宫所在，其布置之法如下：其宫之大，素所未见。盖其与上述城墙相接，南北仅留臣民士卒往来之路。宫中无楼，然其顶甚高，宫基高出地面十掌，四围环以大理石墙，厚有两步。其宫矗立于此墙中，墙在宫外，构成平台。其上行人外间可见，墙有外廊，石栏缘之。内殿及诸室墙壁刻画涂金，代表龙、鸟、战士、种种兽类，有名战事之形象，天花板之刻画亦只见有金饰绘画，别无他物。大殿宽广，足容六千人聚食而有余，房屋之多，可谓奇观。此宫壮丽富赡，世人布置之良，诚无逾于此者。顶上之瓦，皆红黄绿蓝及其他诸色，上以釉，光泽灿烂，犹如水晶，致使远处亦见此宫光辉，应知其顶坚固，可以久存不坏。

上述两墙之间，有一极美草原，中植种种美丽果树，不少兽类，若鹿、獐、山羊、松鼠，繁殖其中，带麝之兽为数不少，其形甚美，而种类最多，所以除往来行人所经之道外，别无余地。

由此角至彼角，有一湖甚美，大汗置种种鱼类于其中，其数甚多，取之惟意所欲。又有一河流由此出入，出入之处间以铜铁格子，俾鱼类不能随河水出入。

北方距皇宫一箭之地，有一山丘，人力所筑，高百步，周围约一里。山顶平，满植树木，树叶不落，四季常青。汗闻某地有美树，则遣人取之，连根带土拔起，植此山中，不论树之大小。大则命象负而来，由是世界最美之树皆聚于此。君主并命人以琉璃矿石满盖此山，其色甚碧，由是不特树绿，其山亦绿，竟成一色。故人称此山曰绿山，此名诚不虚也。山顶有一大殿，甚壮丽，内外皆绿，致使山树宫殿构成一色，美丽堪娱。凡见之者莫不欢欣。大汗筑此美景，以为赏心娱乐之用。〔10〕

可以说，大都的宫城构造体现了一种综合的美，其城墙的设置、宫殿的体式继承了中原的建筑传统，富丽堂皇，巍峨壮观；而草原、湖泊、走兽飞禽的设置则又具有游牧民族的天然质朴，令人联想起广袤的漠北风光和天山两麓的蓝天白云。这是一种人工与自然的统一，华贵与朴素的统一，雄伟与精巧的统一，充分显示出大一统的元帝国兼收并蓄、包容万象的气魄和心胸。

元代大都的人口总数达四十万，这是一个多民族杂居的混合群体。其中蒙古宗王贵族占了一定的数量，他们来自草原，已定居在皇城中。宫廷当中还设有一支皇家卫队，称为"怯薛"，这些人由蒙古族和色目人组成。宫中的嫔妃宫女则来自各民族，元人的宫词中有"宫衣新尚高丽样，方领过腰丰臂裁"（张昱《宫中词》），"进得女真千户妹，十三娇小唤茶茶"（朱有燉《元宫词一百首》），"老娥元是江南女，私喜南人擢状元"（杨维桢《宫词》），"河西女子年十八，宽着长衫左掩衣"（朱有燉《元宫词一百首》）等等，可以证明。在京的各级官吏也不少，据《元典章》记载："朝官二千八十九员，色目九百三十八员，汉人一千一百五十一员；京官五百六员，色目一百五十五员，汉人三百五十一员。"此外，还有无品级的儒学教授、医学教授、蒙古教授、阴阳教授等等。从事宗教活动的各族人士属于城中的一个特殊阶层，"汗八里城（大都）诸基督教徒、回教徒及契丹人中，有星者、巫师约五千人，大汗亦赐全年衣食"，"其人惟在城中执术，不为他业"[11]。元统治者对不同的民族实行等级区分，推行民族歧视的政策，但对于不同的宗教，倒是一律予以尊重。忽必烈说过："全世界所崇奉之预言人有四，基督教徒谓其天主是耶稣基督，回教徒谓是摩诃末，犹太教徒谓是摩西，佛教徒谓其第一神是释迦牟尼。我对于此四人，皆致敬礼。"[12]当年成吉思汗还曾对汉族全真教教主丘处机倍加礼遇，被人传为佳话。大都城里居住的这些僧人、道士、伊斯兰教教士、基督教教士，全部享受免除差发赋税的优待。

当然，都城中，人口最多的还是从事各种手工业的工匠，他们的行当，有木工、泥水、凿石、打银、淘井、锻磨、打铁、雕佛、打弓、造箭、刷马、做笔、打帆、刺旗、打绳、蜡器、碾药等等，这批人是被统治者从全国各地聚拢来的，民族成分也颇杂，而以汉族为主。此外，还有为数不少的商人，商人的民族成分更为复杂，除了中国境内的诸民族之外，还有来自中亚、西亚乃至欧洲各国的买卖人，有一些还长期定居在这里。中国辽阔的领域中，大都是民族聚合程度最高的地区。

这么一个杂居混处的群体，拥有着不同的宗教信仰，不同的风俗习惯，不同的语言和交流方式，他们使大都呈现出历史上从未有过的丰富多彩的生活形态。不管统治阶级意识到与否，在这个多姿多彩、令人应接不暇的生活方式当中他们已经被同化了，渐渐失去了作为文化统治者的地位，不知不觉下降为中华文化大家庭中的普通一员。而具有悠久历史的汉族文化则在这次融合当中掺进了新鲜的、带有多种色彩的异族因子，中华文化因此而变得更加绚丽，更加富有生气了。

在都市生活中，最引人注目且具典型的民族融合意义的是节庆日的娱乐活动。大概没有一个时代能像元代拥有那么多的节日和庆典，它们不仅仅属于一个阶层，也不仅仅属于一个民族，节庆活动将所有的人群聚合成了一个整体。这里且举其中的部分，作为一个窗口来展示一下。一年当中大都城最大的节日当数新年，庆祝活动由初一一直延续到元宵十五，热闹非凡。初一这一天，朝廷要举行盛大的受朝仪式，所有的文武百官必须穿上白色的礼服，于该日凌晨集合于崇天门下，等待皇帝升殿，"黎明，席案未列之前，一切国王、藩王、一切公侯伯男骑尉、一切星者、哲人、医师、打捕鹰人，以及附近诸地之其他不少官吏，皆至大殿朝贺君主。其不能入殿者，位于殿外君主可见之处。其行列则皇子侄及皇族在前，后为诸国王公爵，其后则为其他诸人，各按其等次而就位。"[13]仪式开始，由掌司仪的官员指挥，向皇帝行跪拜礼。接着是各地官吏进献贡品，贡品由身披彩锦的大象和骆驼及遍身雪白的良马负载着鱼贯而进，规模极为庞大，"是为世界最美之奇观"。然后是皇帝赐宴百官，号称"诈马宴"。宴后还要举行各种艺术表演，其中杂剧当然是必不可少的节目。

官方的庆祝活动如此，民间自有另一番热闹的景象。按照中原的习惯，人们都要穿上漂亮的新衣，走街串巷，登门拜年，同时在家设酒席待客。整座大都城中，不同民族的鲜艳服装如同是一次大展览，令人目不暇接。有人写词形容道："汉女姝娥金搭脑，国人姬侍金貂帽。绣毂雕鞍来往闹，闲驰骤，拜年直到烧灯后。"（欧阳玄《渔家傲》）按照传统的风俗，各家过年还要制作各种糕点，馈赠亲友，家门口要张贴年画，孩子们更要燃放爆竹，这就为商人们提供了做生意的大好机会。"市利经纪之人，每于诸市角头，以芦苇编夹成屋，铺挂山水、翎毛等画，发卖糖糕、黄米枣糕之类及辣汤、小米团。又于草屋外悬挂琉璃葡萄灯、奇巧纸灯、谐谑灯与烟火爆竹之属。自朝起鼓方静，如是者至十五、十六日方止。"（《析津志辑佚·岁纪》）元宵节自然要张灯，宫廷中也不例外，有珍珠垂结灯，七宝漏灯等，"三宫灯夕，自有常制"。城中丽正门外有一棵大树，曾被忽必烈封为独树将军，是日树身上下挂满诸色花灯，高低照耀，"远望若火龙下降"。实际上这里成了一个娱乐广场，小商小贩布满四周，"游人至此忘返"。

　　对于普通民众来说，宗教性的节日也是一种审美化了的娱乐庆典。道教的节典在每年二月十九日，这天是全真教教祖丘处机的诞辰日，他去世后葬在城中白云观内，人们为了纪念他，将这天定为燕九节。当天，倾城男女曳着竹杖，往城南长春宫、白云观，烧香礼拜，然后尽情地游玩宴饮，以为盛节。曳杖之风俗或许是因纪念丘处机当年赴西域觐见成吉思汗一事而设。佛教的庆典则是在每年二月初八。这一天要举行庞大的游皇城活动，民间的游行由来自江南的富商组办，他们在平则门外的西镇国寺集合南北二城的行院、社直等杂戏演艺班子，恭迎大明殿中皇帝御座上的金牌和寺庙之金身佛像，游于城外。队伍中除了有化妆饰扮的各式艺术形象招引行人观看外，还有富商们收集的海内珍奇趁机拿出来炫耀展览。游行队伍和观看的人群绕皇城一圈，回到镇国寺，那里已成为商业销售的中心，"寺之两廊买卖富甚太平，皆南北川广精粗之货，最为饶盛"，"开酒食肆与江南无异"（《析津志辑佚·岁纪》）。从今天的眼光看，这类活动无异于一次艺术化了的商业广告行为。

这之后，还有一次官方的诏游皇城游行，规模更为宏伟。其目的则在"于以见京师极天下之壮丽，于以见圣上兆开太平与民同乐之意"（《析津志辑佚·岁纪》）。官方游行动用的是皇家乐队，有大乐鼓、板杖鼓、筚篥、龙笛、琵琶、筝、篆诸乐器，所奏则有"汉人、回回、河西三色细乐"。另外还集中了城内各类艺术人才，组成杂扮队、杂把戏队，邀来城内各所寺庙的僧人，抬着佛像、幢幡、宝盖、车鼓、头旗。队伍一律由宫廷发给铠甲袍服仪仗，衣饰鲜丽整齐，珠玉金绣，装束奇巧。这还不算，为了显示皇家的富有，把宫内所藏宝玩珍奇、稀罕蕃国之物，以至于百禽异兽也搬出来，装在一辆辆车中进行展示。游行队伍由城内环绕进入宫城，到达内廷，向皇帝和诸王妃贵人表演献艺，"竭其巧艺呈献，奉悦天颜，次第而举，队子唱拜，不一而足"。所谓与民同乐，实际上是一种自我检阅，夸炫太平。然而无论出自何种目的，它们都要和风俗化的审美活动融为一体，并且在这种融合中不知不觉地化为全民文化的一个组成部分。

一年之中的节日除了上述之外，还有二月二的龙抬头，三月初的修禊及清明节，三月二十八的岳帝生辰节，四月八的浴佛节，四月九的蒙古祭祀节，五月五的端午节，六月六的猎水节，七月七的乞巧节，七月十五的中元节，又称鬼节，八月十五的中秋节，九月九的重阳节，十月的送寒衣节，开垛场，十一月的冬至，十二月八日的腊八节，另外当朝皇帝的诞辰称天寿节，每年四月的皇帝前往上都，九月的还京，都要举行送驾和迎驾的仪式，相当于节庆大典，等等。围绕着众多节典，都有一系列的民间风俗活动，形式繁多，色彩纷呈，往往持续数日。

如果说，军事上的征服带来的仅仅是某一民族政治统治的确立的话，那么，随着这种统治的延续，就必然会展开文化间的竞争和融合。只要这个政权还打算继续维持下去，它就必须接受这种竞争和融合，并且在这种融合中受益。尽管存在着民族的压迫和歧视，存在着统治方式的种种弊端，一百余年的元王朝毕竟是实现了空前的民族大融汇，使中华文化得到一次新的整合，使中华民族的历史得以发展和延续。"混一华夷，至此为盛"（《析津志辑佚·岁纪》)，的确不为虚言。

〔１〕　郑彦昭《上京行幸词》，《永乐大典》卷七七〇二。

〔２〕　冯承钧译《马可·波罗行纪》第 246 页，中华书局，1955 年版。

〔３〕　《马可·波罗行纪》第 250 页，中华书局，1955 年版。

〔４〕　《马可·波罗行纪》第 298 页。

〔５〕　《马可·波罗行纪》第 176 页。

〔６〕　《马可·波罗行纪》第 147、190、213 页。

〔７〕　《马可·波罗行纪》第 193 页。

〔８〕　《马可·波罗行纪》第 277 页。

〔９〕　［美］海斯、穆恩、韦兰《世界史》第 562 页，三联书店，1975 年版。

〔10〕　《马可·波罗行纪》第 323—325 页。

〔11〕　《马可·波罗行纪》第 413 页。

〔12〕　《马可·波罗行纪》第 305 页。

〔13〕　《马可·波罗行纪》第 356—357 页。

# 2

## 「藻而不华」

### 凝聚东方品格的艺术陶瓷

元代的大一统江山和空前绝后的外向外扩张，大大地开阔了人们的眼界，拓展了人们的心胸，激发起中国人向外探求和了解世界的欲望。忽必烈曾经说过："我很喜欢知道各地的人情风俗。"当年马可·波罗的父亲尼古剌和叔叔玛窦自遥远的地中海彼岸来到东方时，忽必烈就曾"垂询之事甚夥"，对罗马，对教皇，对拉丁民族的一切风俗，表现出强烈的兴趣。欧几里得等数学家的著作就是在这时传入中国的，同时传入的还有阿拉伯的数学及天文学、历法学等[1]。与此同时，中国的印刷术、火药及罗盘针也经西亚穆斯林地区传入了欧洲。这是一个中西大交流的时期。无论于东方还是于西方，这种交流都对今后的文明发展产生了深远的影响。

国与国之间大范围的文化交流在历史上虽然都要通过战争来开路，但真正承担这种交流的却主要是商业行为。事实上，蒙古帝国的全方位扩张也确实刺激了商业和手工业的发展，激发起人们的聪明才智和创造热情，各国的审美文化因此得以互相影响，互相交融。由于整个中、西亚地区当时都在蒙古宗王的控制之下，所以那条古老的丝绸之路在元代要比任何时期都来得安全和畅通。来自不同地区的阿拉伯商人、欧洲商人源源不断地进入中国，他们带来了西方的珠宝、香料及手工艺品，又将中国的丝绸、陶瓷以及其他货物源源不断地运出中原。当时，自黑海、地中海沿岸直到中国内地，这一带确实变成了一条繁忙的商业通道。在众多输往外埠的商品当中，丝绸作为传统的出口商品，占有了相当大的比重，它们以色彩绚丽和花样繁多而畅销海外。然而到元代时，中亚、西亚以及欧洲都已能种桑养蚕，丝织技术也业已发展起来，阿拉伯地区的胡锦还作为贡品反过来输入中国，特别是那种将金丝织入锦中称为"纳失失"的织锦在元代广受欢迎，因此丝织品已不再为中国所独擅了。就在这个时候，另一种代表中国特色的商品的出口量却在急剧地上升，并且具有取代丝绸的趋势，它就是陶瓷。在元代，实际上陶瓷才是中国工艺文化的真正代表。

陶瓷的制造在中国有着悠久的历史，根据不久前江西万年县的最新考古发现，中国制陶的历史已推至 1.2 万年前，而从原始瓷的出现计算，中国制瓷的历史也有了 3 500 年，中国是名副其实的陶瓷的摇篮和故乡。从审美的角度说，可以把陶瓷的发展历程视为中国文化史上一条绚丽的彩带，这条彩带体现了中国鲜明多元的民族特征，同时也表现出各个时代独特的审美风尚。陶瓷既是物质的产品，又是精神的财富，既是科学技术的结晶，也是文化艺术的成果，它凝聚了中华民族对生活的理解和对美的追求，凝聚了中国人无穷的想象力和创造力，同时它又是使用价值和审美价值的高度融合与统一。

**以白为美的枢府瓷**

瓷器制作发展至元代可以说到了一个转折点，一方面前人的开拓已达到很高的水平，有些地方简直难以企及，另一方面元代大一统的江山，多民族融合的文化现实，海外市场的巨大需求，新生活与新观念的出现，又期待着陶瓷艺人们去从事不同于以往的审美创造。怎样在继承前代成果的基础上创制有元一代的艺术风格，在陶瓷史上留下自己的地位，是时代赋予元代瓷器制造业的重大课题。事实上，元代的制瓷业圆满地完成了自己的使命，它在唐、宋之外又树起一个新的审美规范，这种规范深刻地影响了后代的瓷器制造，从而揭开了中国瓷器史上崭新的一页。

　　元代统治者很重视瓷器生产，忽必烈在南下灭宋之初，即公元 1278 年就在景德镇设立了浮梁瓷局（景德镇当时属浮梁县），并设置了大使、副使各一员，负责监制宫廷器皿，这说明瓷器的使用在元代宫廷中占有着相当重要的位置。由此，景德镇在元代已上升为瓷器生产的中心。宋代的景德镇原是以生产青白瓷著称的，元代的前期，这里仍然烧制这种产品，无论是宫廷还是民间都能见到青白釉色的瓷器，而且，它也输出国外。今天，在韩国新安海底新发现的元代沉船中还能看到大量景德镇的青白瓷。然而与此同时，该镇窑场又创制出了一个新的属于元代的瓷种，人称卵白瓷。这种白瓷制成后很快受到元政府的重视，被采入宫廷。由于一些卵白釉器上印有"枢府"字样，陶瓷史上又称其为"枢府瓷"。

　　中国的白瓷制作早在隋代即已成熟，至唐代而普及，宋代又发展出了青白瓷，那么枢府瓷的出现有什么特殊的价值呢？

　　与唐代的白瓷相比，枢府瓷在白色中微微泛青，不是单纯地白如霜雪，因其色调近似于鹅蛋，故又称之为**卵白釉**（彩图 7）。此外，这种瓷釉黏度较大，成乳浊状，失去了前代白瓷晶透的玻璃般的光亮，给人一种羊脂似的酥润感。与此同时，这种瓷的胎壁也比青白瓷增厚，给人浑重的感觉。枢府瓷器的装饰一般采用印花的形式，有龙、凤、雁及缠枝花叶等图案，由于印纹较浅，加上釉面的浑厚，往往轮廓不清。此前已有不少人指出，卵白瓷的流行与"元俗尚白"有关。元代是蒙古族的政权，蒙古民族素有崇尚白色的习惯，据马可·波罗记载，每度新年伊始，"依俗，大汗及其一切臣民皆衣白袍，致使男女老少衣皆白色，盖其似以白衣为吉服，所以元旦服之，俾此新年全年获福"〔2〕。蒙古人甚至把正月名之为"白月"。其实不光是蒙古人，来自西域、信奉伊斯兰教的色目人，甚至信奉喇嘛教的吐蕃人也同样尚白，白色亦是他们服装和器用的主要颜色。

其实称卵白瓷为枢府瓷并不恰当，因为各地出土的卵白瓷中不具"枢府"字样的占多数，说明它在民间被更广泛地使用着，甚至这种瓷器还畅销海外，目前国外大批元代卵白釉瓷的存留，足以说明问题。这里可借用李肇《国史补》中的话来形容，即"天下无贵贱通用之"。除上述原因外，我们认为，卵白瓷的流行应该与当时人们的生活有着紧密的关系。俄国美学家车尔尼雪夫斯基曾经指出："任何东西，凡是显示出生活，或使我们想起生活的，那就是美的。"(《艺术与现实的审美关系》)根据出土的器物来看，卵白瓷多为餐具和饮具。"枢府瓷器形以盘、碗、执壶和高足杯为多见，极少大件器。"〔3〕这一点很能说明问题，实际上蒙古民族和色目各族的食品多为乳制品，他们饮的是马奶，吃的是奶酪，甚至他们的酒都是用马乳制作的"忽迷思"，而卵白瓷的乳浊、厚重以及特有的酥润感恰恰跟他们的食物之间有一种相仿相近的关系。正如青瓷茶具特别适合于盛绿茶一样，卵白食具与乳制品之间也有一种相得益彰的关系，它不仅能够刺激食欲，而且能够引发人的美感。中国人饮食历来讲究色、香、味俱全，而其中"色"一项，不仅是指食品本身，同时也指盛器与食品之间互相映衬所产生的一种美感。在中国这样一个饮食文化高度发达的国度，饮食其实不仅仅是生理需要的满足，很大程度上它也是美感的源泉。这样来理解元代的卵白瓷，才能真正把握其有别于前代白瓷的特殊的时代内蕴。

白瓷在唐代即已获得普及，当时的白色是较为单纯的，缺乏层次感，至卵白瓷出，白瓷才开始拥有丰富的内蕴，体现出多重的韵味。另外，卵白瓷淡淡的青味也是对宋代青白瓷的一种继承，同时又是对它的扬弃。在前人成果的基础上，卵白瓷实现了新的突破。其后，明代永乐年间的甜白瓷，还有德化窑生产的"猪油白"瓷，都是对卵白瓷的进一步发展。特别是猪油白，色如象牙，泽如凝脂，被洋人称为"中国白"，它受到卵白瓷的影响，应是很明显的。

**艳丽淡雅的青花瓷**

如果说卵白瓷是元代瓷器的第一个、也是较早的工艺文化的代表的话，那么在它之后，约元代中期，景德镇窑场又推出了对后代制瓷业产生巨大影响、被誉为中国瓷器主流的全新瓷种，它就是青花瓷。

青花瓷是指在洁白的底色上绘以蓝色图案的瓷器，简而言之就是白底蓝花。其制作过程，是在白色的瓷胎上用钴料着色，再施以透明釉，然后于 1 300℃左右的高温中一次烧制而成。因为先着彩，后施釉，所以此种制作法称为釉下彩。青花瓷大约成熟于元代中期，被认定为 14 世纪 20 年代沉没于韩国新安海底的中国商船上，共载有一万九千多件瓷器，但尚未见到一件青花瓷，然而汪大渊于 14 世纪 30 年代所参加的远洋航行中却已经记有"青白花器"的贸易了（《岛夷志略》）。除此之外，最近江西景德镇出土的数件青花瓷器上也书有后至元四年（1338）的铭文[4]。这是国内发现的最早的青花瓷器，可以作为佐证。此种别具一格的釉下彩瓷其实并非是在短短数年中突然冒出来的，不久前扬州唐城遗址出土了若干唐代青花瓷的碎片，说明它的存在是渊源悠久的。唐代是白瓷成熟的时代，同时又是三彩陶盛行的时代，工匠们把用于三彩陶的钴料施到白瓷上去是完全可以理解的事情。但唐代的青花纯属草创，其工艺水平还相当幼稚，远未达到成熟的程度。技术成熟是一回事，它未引起人们的高度认同，成为一代之审美风尚又是一回事。宋代的青瓷和白瓷都获得了大踏步的发展，然而青花却依然如故，甚至还不如唐代的制作。这些都说明，青花瓷在唐代和宋代均没有受到人们的关注。

然而进入元代，情况就不同了。在不到40年的时间里，青花瓷迅速地崛起，并且高度成熟，脱颖而出，大放异彩，这实在是耐人寻味的。

青花瓷最引人注意的是它的青色，这是一种相当鲜亮艳丽的宝蓝色，在洁白的底色衬托下显得格外的醒目。为什么这种色彩会在元代受到如此的推崇呢？对此，瓷学界认为，主要原因在于中亚市场对它的喜爱和需求。"随着元朝政府对外交往的发展，又重新唤起了中东国家对中国青花瓷器的需求（唐代已唤起过一次），而浮梁瓷局所在地的景德镇，在枢府瓷胎釉制作具有完善条件的基础上，利用从中东地区进口的钴土矿，大批生产出口所需青花瓷器，在当时是水到渠成

## 3 / 吴镇
《渔父图》

图的近景是一弯清溪，溪中有一叶渔舟荡漾其间，舟头一位戴着笠帽的渔父正在凝神垂钓，溪流两侧有大小不一的小洲，洲上杂草丛生，并有树木临水而立。

画面展现了鲁中平原的开阔和平坦。图的正中排列着大小姿态不一的各种树木，有杨树、柳树，还有松树。它们有的叶已转黄、有的树叶落尽，仅剩枝干，有的则保持着绿色。这些树木干粗而枝短，呈疏散的杂错排列。数条溪流从树丛芦苇中蜿蜒流过，几间简陋的茅舍掩映在远处的树林里，隐隐地有渔夫在收网打鱼。图画的左右上方各有一座山头平地拔起，右面那座高峻的是华不注山，左面那座扁平的是鹊山。

2 / 黄公望
《富春山居图》（局部）

① / 赵孟頫
《鹊华秋色图》

该图作成于画家79岁时，花了三四年的时间。画为纸本，采用"浅绛"画法，即用淡赭色涂抹整个画面，使之具有一种统一的色调。自开端至尾部作者一共绘制了几十座峰峦，形态各异，绝不重复，由淡淡一痕的远山，到近前丛林盘绕的孤峰，令人应接不暇。富春山地处浙西，为著名的富春江水所环抱，作者借地为水，在长长的画面上同时表现了那茫茫无际，一直侵浸到山峰胸下的江水。

⑤／元成宗铁尔穆尔画像
（选自南薰殿旧藏历代帝王像）

⑥／戴罟罟冠的元世祖皇后察必画像
（选自雍和宫印元朝历代帝后像）

浙東新品誇
香片冰芽瑛
枝傾翠苕誰
淺茎端風月
下前身嘗向
筒中未新素

滌髣

至正六年五月三日余偶永
嘉鄉客
天台隱素潘□□
赤松山道過龍□□慈谿

4 / 王冕
《墨梅图》

7 / 元
卵白釉印花高足碗

⑧ / 元
青花牡丹纹瓶

⑩ / 元
青花梅瓶

⑨ / 元
青花鸳鸯纹盘

⑪ / 元
青花盖罐

的事。这种开始为外销而生产的商品，也必然转而为国内市场所需要，这就是元代景德镇青花瓷器大发展的背景。"[5]

根据目前的收藏情况来看，国外的元青花数量要大于国内，而且波斯等中东地区在9至10世纪就已生产出仿唐代青花的陶瓷制品，看来中、西亚的穆斯林地区对青花瓷确有一种特殊的爱好。但是这样一来，就把青花瓷的诞生完全归之于外来文化的影响了，难道青花在元代中国受欢迎就仅仅在于对异国情调的欣赏吗？恐怕这种说法是不够全面的，尤其当我们考虑到青花瓷在此后700年里成为中国瓷器主流的现实，就更不能令人满意了。任何一种艺术如果不能使人们从中感受到自己的生活，感受到某种与之相融通的意趣，那么它就不会成为一种风尚，成为时代的潮流。青花瓷最早产生于中国，其成熟和达到顶峰也在中国，它与中国人的审美观念之间一定具有某种内在的关联。

鲜明、亮丽的宝蓝色是一种非常耐人寻味的色彩，它幽雅、沉静，同时又艳丽、热烈，这一点与唐宋时代流行的青瓷不同。青瓷主要是追求玉的效果，虽然韵味十足，但色调偏于单调，不具备对立的兼容；而宝蓝色却给人以宽广的联想，它容易使人想起那无限辽阔的湛蓝的天空，或者宁静幽深的湖泊，这是任何地区都能看到的自然景色，而犹以大漠草原感受更为真切，更为强烈。"天苍苍，野茫茫，风吹草低见牛羊"（《敕勒歌》），"镶着银边的朵斯库勒湖，湖水中映照着宝蓝的天"（李季《柴达木小唱》）。青天白云与青花白瓷之间似有一种潜在的对应。元代是草原民族大量进入中原的时期，青花瓷在当时受到广泛欢迎一定与此有关。而中东地区就地貌来说与中国的西域及内蒙古地区也十分近似。宝蓝对于这一地区来说要比绿色更受欢迎，更有亲切感，这也是完全可以理解的。

与卵白瓷相比，青花瓷的美更具象征性，因而也更普遍。对于草原民族来说，它象征着安详而深邃的天空，象征着人们对生活的某种品味和憧憬，而对农耕民族来说，它又是一种素洁、宁静和永恒的表征，一种略带含蓄的生命意志的表达。实际上白色与蓝色的搭配迎合了整个东方民族的审美爱好，它以安详、沉静为主，却又洋溢着生气；它以素雅为主，却同时透露出热烈；它并不和某一具体的生活内容发生关系，却又无处不与人们某种稳定、恒久的心理态势发生呼应。蓝白相间的色彩构成就这样整合了东方民族普遍的审美心理，成为一种既具个性又具共性，既有时代特点又超出于时代局限的普遍而又恒久的审美典范。如果说，唐代的审美倾向是热烈而绚烂，宋代的审美倾向是淡雅而内蕴，那么元代就是对它们的综合。只有综合才可能成为典型，只有综合才能恒久。

**从多元对立<br>走向融通浑一**

青花瓷以前的瓷器装饰，多取刻花、印花或贴花的形式，所以装饰图案显得简略，流于疏泛。成熟的青花瓷却将装饰的重点放在细致的描绘方面，这样就使得元青花的图像真实、精细，更加贴近生活，具有高度的写实性。比如花卉中的牡丹，它是元青花最多见的图案，唐宋器皿上的牡丹仅仅是粗略勾勒，其姿势也只有正视和侧视两种，元代**青花上的牡丹**（彩图8）却是千姿百态，有仰有俯，有正有背，有静穆状，有翻舞状，有含苞未放者，有渐次舒展者，更有迎风怒放者。其花瓣的刻画从瓣尖至瓣心，浓淡、纹路、层次各不相同。同一朵牡丹，自内到外，几十张瓣片各具情态，尤其是外瓣，舒张、半卷、内翻、外仰，极尽自然界之神状，令人叹为观止。龙、凤等动物的绘画也复如此，凡属主题图形，龙的角、须、鳞片、节爪，凤的冠、翎、羽、绒，件件齐备，而且姿势灵动，栩栩如生。它们突破了图案画的规一和呆板，具有明显的即兴创造的艺术效果。元代青花瓷的装饰题材也要比前代宽阔得多，植物方面，除了以前常见的牡丹、荷花、菊花、牵牛、忍冬、萱草外，还增加了松、竹、梅、灵芝、蕉叶、枣花、山茶、栀子花、月季、浮萍、葡萄、蔷薇、西瓜等；动物方面除了鱼、雁、鹅、**鸳鸯**（彩图9）、龙、凤之外，还出现了孔雀、白鹤、鹭鸶、麒麟、天马、狮子、海马、蟋蟀、螳螂等。其中最突出的是带有江南水乡情调的池荷、芭蕉以及表现西域风情的葡萄和西瓜，它们表现了强烈的地方色彩。

此外，在元青花的装饰中还融进了多民族的文化色调，比如前代不见的串珠纹、垂云纹和"八宝"图形（吉祥结、珊瑚、宝伞、犀角、海螺、法轮、胜利幢、宝瓶、双鱼等，元代时尚未定形，故又称杂宝）等，显然是受到蒙、藏喇嘛教文化的影响。又如青花瓷最多使用的缠枝花叶，其讲究对称工整和富有装饰意味的"S"形纹路，明显地带有阿拉伯文化的色彩。特别值得一提的是取材于元代戏剧的人物故事图像，现在见到的有"周亚夫细柳营""桃园三结义""三顾茅庐""**萧何月下追韩信**"（010）等。这些图像往往绘制在梅瓶、玉壶春瓶等大型的器物上，且占据着主题图案的位置，人物形态逼真，彼此呼应，周围还配有山川花木作为环境渲染，极富戏剧效果。元代戏剧在当时生活中所占有的重要位置，至此也可得到印证。总之，丰富多彩的题材和绘制手法，使元青花的图饰呈现出一种综合、融通的美。

与唐、宋、明、清相比，元青花瓷的图案

010　元青花萧何月下追韩
信图梅瓶

布局也很有意思，绝大多数器物层次繁多，密
度很大，一般都有五六层，最多者可达十余层，
致使蓝彩纹饰布满全身。例如附图所见的青花
梅瓶，上肩部为杂宝图案，下肩部为缠枝莲纹，
腹部主题纹样是缠枝牡丹，其下还有一周细狭
的卷枝纹，最后胫部为变形莲瓣纹，全器共有
五层纹饰。另一附图所见的青花鸳鸯莲纹盘，

沿口一周为菱形锦纹，盘壁为六朵缠枝莲花，盘心绘有五组莲花，构成主题纹饰，莲池中两只鸳鸯顾盼追逐，穿行在莲花之间。虽然全器只有三层图案，但依然占满了整个盘面。密布型的图案装饰较为适合中、西亚穆斯林地区的审美习惯，他们的建筑物乃至陶瓷器皿上多是这种密集型的装饰。由此可见，此种风格与出口需要有关。另一方面，繁盛的图案装饰也迎合了民间喜好花团锦簇的普遍心理。我们必须指出，与唐、宋时代相比，元代的文化气氛是趋向于更加俗化的，雅文化退居到较为狭小的地区，而俗文化却在大张旗鼓地发展，这不仅体现在瓷器的纹饰上，也体现在戏曲艺术的普及上，体现在各种文化现象上。此种趋势与元代的商业发达有关，与都市的膨胀有关，也与特殊的时代背景有关。

总之，元青花的图饰方式是跟时代总的文化氛围相一致的。但是这种俗的趋势同时又掺有雅的成分。比如具有典型意义的松、竹、梅形象，它们象征着气节、脱俗和潇洒，属于文人雅士的钟爱之物，元青花采用这类图形便有一种融雅入俗的意味。再如戏剧人物图像中多为历史上的帝王将相而非市井细民，这与戏曲一样起到了一种雅俗共赏的效果。青花瓷白底蓝花的搭配更是雅中有俗，俗中有雅。元代人对审美的看法是"质实而不窳（粗劣），藻丽而不华"（马祖常《卧雪斋文集序》），这本身就是一种雅俗兼容的观念。后代有人批评元青花"俗甚"，却没有看到它雅俗交融、俗中见雅的特色。在中国古代文化由雅向俗大规模转化的过程中，元代是一个重要的转折期，青花瓷恰恰典型地体现了这种转折，它不仅是草原民族与农耕民族交融的代表，也是雅文化与俗文化融合的代表，对此我们应该给予充分的肯定。

　　元代生产青花瓷的历史并不长，所以流传至今的器件也较为少见，目前国内外收藏的元青花总数尚不足三百件，且大部分在国外。虽然数量不多，作为一代工艺品，其造型特征还是十分鲜明的。与宋代相比，一方面元青花的胎壁明显增厚，另一方面形体陡然增高变大，给人硕伟、丰满的感觉。元青花最常见的器物有盘、罐、梅瓶、玉壶春瓶、葫芦瓶、扁瓶、执壶、钵、高足碗、匜等。盘是最多见的，有菱口与圆口两种，附图所示两种都是菱口盘，其盘口波纹仿菱花形。菱口盘的直径一般都在 45 厘米左右，大的可近 60 厘米，圆口盘宽度也有 40 厘米左右。如此硕大的器皿，即使在今天也堪称巨型。这种盘以中东地区收藏为最多，很可能与当地人吃抓饭等饮食习惯有关，另外西域地区人民好吃一种称为馕的圆饼，体型巨大，也适合用大盘盛装。大罐也是传世较多的品种，图片所附的这件青花缠枝牡丹纹盖罐是典型的元青花型器物，它高近 28 厘米，口径有 20 厘米，其鼓出的腹部尤给人硕丰庞伟的感觉。梅瓶在国内较为多见，一般高度都在 40 厘米以上，最高的近 50 厘米。宋代的梅瓶偏瘦，给人亭亭玉立之感，**元青花梅瓶**（彩图 10）则不但高，而且丰满，颇具伟岸之姿。至于扁瓶、葫芦瓶、大钵、八棱执壶、匜等显然带有西域、青藏乃至中东阿拉伯地区的文化色彩，体形也偏向于丰满、硕大。

元青花的器型与其图案一样呈现出多民族多地域的综合，它虽偏于大量出口，迎合外域的口味和风情，但中国自己的民族特点也是十分明显

011　元青花蒙恬将军玉
壶春瓶

的，如传统的梅瓶和**玉壶春瓶**（011），又如**大罐**
（彩图 11）往往采用的荷叶状盖，以及菱形盘口
等等。实际上，偏好壮伟、硕大的造型倾向也是
元代审美风尚的一种表现。

　　如果说唐代瓷器的风格是雍容华贵，宋代
瓷器的风格是精巧秀丽，那么元青花从色彩、
图案到造型构成的整体风格就是一种多元对立

的综合美。它既雄浑壮伟，又妩媚艳丽，既具异族情调，又有鲜明的中国特征，既显北方的苍劲遒力，又呈江南的柔和清秀，既庄重又活泼，既繁茂又有序，既雅致又市俗，这种综合性的多元对立、兼容的美正是元代社会主体文化特征的体现。

元青花完成了瓷器制作史上的一大转折，从此景德镇的青花瓷就超过了其他所有的瓷类，成为中国瓷器生产的主流，而景德镇也因此而成为中国的瓷都。从文化史的意义上说，元青花也完成了另一转折，这个转折是它与元代戏曲以及其他艺术种类共同完成的，那就是由雅到俗、雅俗交融的转折。元代文化的光彩其实就是二者碰撞、融合之后产生出来的，这种融合是中国从古代社会迈向近代社会的一个总趋势，而由元代拉开了序幕。元青花瓷生产的时间并不长，它也不是青花瓷制作的顶峰，然而其文化意义却异常深远，耐人寻味。

元代具有代表性的瓷种除了卵白瓷、青花瓷外，还有一种釉里红。釉里红的制作方法与青花瓷相似，不同之处在于用氧化铜做着色剂，烧制出来的图饰不呈青色而呈红色。它也是由景德镇窑烧制成功的，釉里红在元代多取色块装饰，尚属探索阶段，远不如青花达到的精美细致之境界，但它开创了一种新的方向，尤其是青花釉里红，将青色与红色同绘于一器，已经表现出走向艳彩的趋势，这就为明清五彩瓷的出现打下了基础。

有元一代在中国文化史上是一个特殊的时代，这个时代给我们留下了许多痛苦的记忆，也留下了众多耐人寻味的东西。美在这里经受着考验和磨难，同时发射出夺目的光彩。古老的中国文明在酝酿着新的蜕变，这场深刻的蜕变就是由元代开启的。

〔1〕 李约瑟《中国科学技术史》汉译本，第 3 卷、第 4 卷。

〔2〕 《马可·波罗行纪》第 356 页。

〔3〕 冯先铭《中国陶瓷》第 450 页，上海古籍出版社。

〔4〕 杨后礼、万良田《江西丰城县发现元代纪年青花釉里红瓷器》，《文物》
1981 年第 11 期。

〔5〕 冯先铭《中国陶瓷》第 455 页，上海古籍出版社。

# 明代奇艳的市俗世界

肆

作为一个充满冲突的时代，元王朝存在的时间并不长。在后期疾风骤雨般的农民起义大潮中，一个雇农出身的小人物崛起于沧海之中，"以一族一旅之众"，成就了一番改天换地的大事业，他吞并各处的割据势力，结束了元王朝的残酷统治，建立起了新的大明政权。众所周知，他就是农民皇帝朱元璋。

朱元璋一上台，便宣布要恢复元代中断的思想传统，直接宋朝。其实，明所处的历史环境已经是封建社会的晚期，一切可供选择、利用的条件都已僵化、衰老，朱元璋并没有"返老还童"的法术。其中最为典型的就要数明朝对理学的推崇，这一带有致命缺陷的"最高智慧"，到了朱明政权手里，也失去了昔日的活力，变成一套令人窒息的教条和框框。明代设立了八股文考试制度，规定以"四书""五经"命题，士子必须按照八股格式答题，以古人的口气来书写，不许自由发挥，不许联系实际，一律以朱熹的注释为答题标准。这种科举制把人的创造精神、独立思考能力统统消磨掉了。社会上，明王朝也是大力推行理学治国，编了一套又一套《性理大全》《五经大全》之类的著作，下令"行之于家，用之于国"。这些东西的内涵，归结为一句话，就是"存天理，灭人欲"，没有什么道理可讲，也不必讨论置疑，老百姓只有老老实实地奉行既定的纲常伦理，这就是天命。明代的思想统治是最普及的，同时也是最沉闷的，它导致了明前期文化领域"万马齐喑"的局面。

朱元璋绝对没有料到，他的朱明王朝在后来的岁月里会遇到历史上更为严重的挑战。从某种程度上说，这是一场文化的挑战。明政权所推行的这套文化体系可以称之为权威文化，它是皇权与道统的结合。然而，挑战就首先发自皇权本身。明朝的皇帝大多数都是荒淫无度的昏君，根本不愿意用理学治身，他们喜好的是游乐、纵欲，而且一个比一个玩得出格。即便负"仁宣之治"美称的宣宗也有酷爱斗蛐蛐的嗜好，清代蒲松龄以此为背景，曾写有《促织》一作。更不要说武宗的豹房淫佚，世宗的崇道修醮之类了。皇帝的荒淫导致了宦官的专权，诸如正统时的王振、成化时的汪直、正德时的刘瑾以及天启时的魏忠贤，都是臭名昭著的例子。这些人结党营私，蒙上欺下，倒行逆施，无恶不作，不但搅乱了朝纲，也造成严重的社会危机。权威文化的权威性因此而受到极大削弱。

对权威文化的另一重挑战更加致命，它来自社会上新兴的平民势力。自明代中叶起，中国经济出现了从未有过的商品化趋势，新的社会因素迅猛增长，其势头如雨后春笋，蒸蒸日上。这趋势造就出了一个不同于前代、自觉程度颇高的庞大的市民阶层，他们的文化价值观与传统的权威文化不仅格格不入，简直是严重抵触，势同水火。封建社会发展到这个阶段，可谓培育出了自己的掘墓人。以他们为核心，一种尚不成熟但却具有强大生命力的新兴文化诞生了。这是一种不安现状、不停躁动着的文化，它鄙视权威，崇尚平等，喜新厌旧，唯利是求。它的每一个毛孔都散发出商业的气息，每一根血管都涌动着对欲望的渴求，它给明代文化带来了全新的内涵。假如说，元代的文化冲突主要集中在政治层面，相当程度上还属于一种特殊形态的文化现象的话，那么到明代，封建文化则算是真正遇到了自己的对头和克星。这是一场必然要到来的文化大冲撞，这是中国社会向何处去的一次大抉择，权威文化与新兴的市民文化就在 16 世纪的中国展开了一场全面的较量。

审美文化是最敏感、最前卫的文化，它以审美的、感性的形式昭示了整个文化嬗变、演化的进程。其中旧文化以古典型的面貌出现，新文化则以现代型的面貌出现；旧文化自恃的是贵族式的高雅，新文化则竭力显示其平民式的俚俗；旧文化在冲突中日益高筑堤坝，悬提标尺，以巩固其地盘；新文化则百无禁忌，左冲右击，张扬其人性。两大文化既互相竞争、冲突，又互相影响、吸收。在这场较量中，旧文化的裂变和新文化的成长都成为引人注目的审美现象。

# 1

## 『僭拟无涯』
### 对传统生活习规的全面冲决

风乍起，吹动的总是第一片树叶，社会风尚、审美文化的演变也是从最基本的日常生活开始的，人们的衣食住行、日常消费便是世间的第一片树叶，从这里我们可以看到两种审美文化的对立和转化。

明初，世风总体上是俭朴的，不仅下层百姓如此，缙绅士大夫也大多如此。当时有人回忆说："余小时见人家请客，只是果五色，肴五品而已，惟大宾过门，则添虾蟹蚬蛤三四物，亦岁中不一二次也。"（何良俊《四友斋丛说》卷三十四）这种风气与明初生产尚未全面恢复、社会财富普遍匮乏是有关的。然而除此之外，权威文化的导向也起了很大的作用。朱元璋就说过："人之害莫大于欲，欲非止于男女、宫室、饭食、服御而已，凡求私便于己者皆是也。然惟礼可以制之。先王制礼，所以防欲也。"（余继登《典故纪闻》卷四）在统治者眼里，追求生活享受，张扬人的欲望是一种危险倾向，一旦各个阶层都去追求平等的高消费，上下尊卑的秩序就要被打乱了。比如，明初法律明文规定，绫罗缎绢等高级丝织品唯有政府官员才能穿，黄金饰品只有皇室宫妃才能戴，"商贩、仆役、倡优、下贱不许服用貂裘"，"商贾、技艺家器皿不许用银"（《明史》卷六十七、卷六十八）。由此可见，权威文化的消费观实际上并非是以朴为美，而是以礼为美。

随着农业和手工业的逐步商品化，市场日益繁荣，社会财富成倍增长，江南地区已出现了

"民殷富，人肩摩，庐舍鳞次，商贾辐辏"（《浙江通志·风俗》）的局面。在这种形势下，权威文化依然故我，不改初衷，且变本加厉，悬高标尺。明中叶的理学家王守仁抬出了"天理"来和"人欲"相抗衡，他说："减得一分人欲，便复得一分天理。""无事时，将好色、好货、好名等私逐一追究，搜寻出来，定要拔去病根，永不复起，方始为快。"（《传习录》上）他还认为，"好色、好货、好名"，不仅不是美，简直是病，乃至是罪过！天理与人欲、守旧与追新就这样尖锐地对立起来了。

## 以华为美的消费风尚

假如说权威文化的消费观是以礼为美的话，那么市民阶层的消费观便是以华为美。这种消费观突出的特点，是追求奢华的生活享受，追求当下的惬意满足。它随着商品经济的日益发达而迅速蔓延，风靡世间，权威文化想压也压不住。

即以饮食为例，过去请客只有简单的几个菜。"今寻常宴会，动辄必用十肴，且水陆并陈，或觅远方珍品，求以相胜。"（何良俊《四友斋丛说》卷三十四）当时，一般人家逢喜事要办酒，遇丧事也要办酒，有钱的人要办，无钱的想方设法也要办。"今执亲之丧，不饮酒食肉者罕矣。"（谢肇淛《五杂俎》卷十四）享口福、耀门庭，已成为人们竞相攀比追逐的目标。

饮食如此，衣着方面又何尝不是这样？过去穿戴有严格的等级规定，根据衣衫能辨别人之身份。而明中叶以后，秩序全打乱了，平民也穿起了绸缎，商贾也披上了貂裘，"男子服锦绣，女子饰金珠，是皆僭拟无涯，逾国家之禁者也。"（张瀚《松窗梦语》卷七）其中妇女服装的变化最为显著，可谓争奇斗艳，层出不穷；甚至出现了流行款式，诸如衣裙之剪裁，首髻之大小，花钿之样式，渲染之颜色，鬓发之饰，履綦之工，每两年必有一变，如赶潮流一般，"当其时，众以为妍，及变，而向之所妍，未有见之不掩口者。"（顾起龙《客座赘语》卷九）以前民风讲求节俭，轻易舍不得花钱，如今呢，当下消费成为一股风尚，富有者不存钱，"一岁止计一岁之用，恣浪费"（王士性《广志绎》卷二）；穷人亦复如此，"奔劳终日，夜则归市般酒，夫妇团醉而后已，明日又为别计"（《广志绎》卷四）。生活环境变了，人们的消费观、审美观也跟着变化，这是自然而然、水到渠成的，不能视之为目光短浅，只顾眼前。人们不仅仅在追求吃喝穿戴，实际上是在追求一种更加开放、更加感性化的新生活。以华为美也不仅仅局限于追求奢华，它是一种新的价值观的体现，是人们对生命的一种崭新的理解和把握，用通俗的话来讲，它代表了一种"活法"。

为能更清楚、更直观地了解以华为美这种文化风气，让我们把镜头推到四百年前，选取几组最典型的场景，"身临其境"地来体验一下。

首先，让我们来看都市人的游玩。在明代，游玩为市民生活中不可缺少的活动，它不但是明人的生活方式之一，而且构成了明代城市风俗的一大景观。如果说饮食、衣着体现了以华为美之侈丽一面的话，那么，游玩则体现了这种审美观多姿多彩的另一面。

　　游玩大体可分为郊外和市内两种。郊游自清明踏青开始，按照传统，清明是扫墓的时节，但明人"厚人薄鬼"，早就将它演变成了规模盛大的春游庆典。他们盛服靓妆，倾城而出，三五一群，大声谈笑，全无拘束。当此时，各种游戏尽情开展，各类艺人也趁机卖弄，只见长塘丰草，走马放鹰，高阜平冈，斗鸡蹴鞠，劈阮弹筝，浪子相扑，儿童纸鸢，老僧因果，瞽者说书，少女插花，一派绚烂真率的景象。及至夕阳西下，游人醉归，竟有摔倒驴背不知非家者。此类郊游，直至秋末方息。

　　与郊游相比，市内的游玩缺少了点山野之趣，但景况更为繁华。比如京城的元宵灯会，堪称历代之最，它整整延续十日，白天为集市，夜晚为灯会。大街上，"人不得顾，车不能旋，填城溢郭，旁流百廛"（刘侗、于奕正《帝京景物略》卷二）。尤其是到了晚上，华灯高上，乐器齐鸣，烟火间施，歌声悠扬，光影五色，雾罩尘笼，月不得明，露不得下，简直是一片沸腾的海洋。市民们倾家出动，尽情观赏，通宵达旦，流连忘返。特别年轻的妇女，打扮得俏丽动人，结伴成群，穿行于灯光人海之中，恣意地享受交游的乐趣，展示自己青春的魅力。当时人谓之"走桥"。有人曾作诗形容道："长安（时人惯称京城为长安）灯市昼连宵，游女争呈马上腰。蹋蹋灯光莫归去，前门钉子玉河桥。"[1]妇女公然地通宵夜游，在明代是一个引人注目的文化现象，它显然违背了传统的道德规范，更为权威文化所不容。但市人们并不在意，这说明明代妇女的自觉意识正在提高，她们追求独立和解放的历程就此开始了。

其实好游岂止是京都人，南方经济富庶地区更甚。明末散文家张岱在《陶庵梦忆》一书中记载了多处城市的盛会，比如浙江绍兴的元宵节，除了张灯结彩之外，更有斗狮子灯、跳大头和尚、猜谜、演唱等节目，游人团团围簇，妇女更是相率结伴而行，哪儿热闹往哪儿去。除了游人外，还有"大家小户杂坐门前，吃瓜子糖豆，看往来士女"的。又如南京的端午节，人们争相来到秦淮河边看灯船，"好事者集小篷船百什艇，篷上挂羊角灯如联珠。船首尾相衔，有连至十余艇者。船如烛龙火蜃，屈曲连蜷，蟠委旋折，水火激射"。"士女凭栏轰笑，声光凌乱，耳目不能自主。午夜，曲倦灯残，星星自散。"至于书中叙述的"西湖七月半"，"虎丘中秋夜"等，早已为人们所熟知了，不需赘述。在这类明代的游玩活动当中，让人体味到一种解除束缚、舒展人性的味道。

**花虫之恋**

我们不妨再来看看明人对花卉的狂恋。此亦是一种饶有兴味的生活风尚，显示了都市居民对美的追求。

爱花本是中国人的传统，早在先秦时期，我们的祖先就已开始大量种植花草，之后各代都有赏花的佳话流传。但是，明代人对花的感情似有不同，它可以用"狂恋"一词来形容，其对待鲜花的态度如狂似痴，折射出明人才有的特殊的文化心态。

谢肇淛在《五杂俎》中曾记载过这样一番景象，山东菏泽地区盛产牡丹，当地有一秀才在自家园中遍地而植。园占地约五十余亩，除房屋之外，几无尺寸空地。当鲜花盛开之际，一望云锦，五色夺目，花气袭人，香飘数里。远近邻人慕花而来，主人一律不拒，大门洞开，任人游赏，自己也在牡丹丛中饮酒纵歌，放浪形骸，宾主不复以礼相待。到了夜晚，皓月当空，照耀如同白昼，游人于月下花前席地而坐，欢呼谑浪，忘乎所以，直至天亮方归，"衣上余香，经数日犹不散也"（《五杂俎》卷十）。这段赏花的记录有似于一次狂欢，人和花都处于一种高度亢奋、张扬的状态。对花的观赏是一种享受，同时也是一种交流，一种体验，人们凭借造物主的恩赐，对自身的存在进行一次审美的洗礼，从中获得了精神的熏陶和怡养。所以花卉虽不关衣食住行，却是生活中所不可缺少的。

根据记载，京都拥有好几处公共的赏花地点，其中数左安门外的韦公寺景况最盛。韦公寺名为寺庙，实际上是一处果园，寺内遍植海棠、苹果，寺外皆为李树。当春之时，鲜红新绿，红白相间，花淡蕊浓，如彩雾笼罩。盛期一过，又见落英缤纷，红雪乱飘，别有一番情趣。城中来赏花的人络绎不绝，就像赶集一样。很多人盘桓终日，意犹未尽，索性在寺中住下，第二日临行，还要来向花树告别，这就是当时诗中说的："花开花落如红雪，城中看花人不绝。夜来犹宿韦公祠，晨朝复过花言别。"（雷思霈《饮李子树下》，引自《帝京景物略》卷三）如此一来，寺旁的人家有事可做了，他们于花前树下设桌立案，办菜摆酒，招徕游客，佐助雅兴。生意还真不错，花盛期间每日都办得几十席，正如有诗所形容的，"千树飞花覆客杯，百年晴日此池台"，"花开十里锦为春，主客樊然办一樽"〔2〕。

其实赏花也属于一种游玩，不过是以花为游罢了。除了外出赏观之外，都市人也好在自家庭院中培植鲜花，于是城郊又多出了一种长年经营的产业，即开辟苗圃，种花、卖花。京都右安门外有一处叫草桥的地方，地下有泉水涌出，适宜花木生长，当地人便以植花为业。每日清晨，但见花担数百，散入都门。入春有梅花、山茶、水仙、探春；仲春有桃花、李花、海棠、丁香；暮春有牡丹、芍药、李枝；入夏有石榴、蜀葵、罂粟、凤仙、鸡冠、玉簪、十姊妹、乌斯菊与望江南；入秋后则有红白蓼、木槿、金钱、秋海棠、菊和木樨等，"圃人废晨昏者半岁，而终岁衣食焉。"（刘侗、于奕正《帝京景物略》卷三）如此繁多的鲜花，把京城装点得格外艳丽，分外动人。花市这种产业在商业发达、经济富庶的地区尤盛，比如富商聚集的淮左名都扬州，那里的时尚是插花，"大者用瓷缸，小则瓶洗之属，一瓶动值千金，插花多意外之态"（李斗《扬州画舫录》），在自然美的基础上，又增添了人工的巧思。另外，盆景也特别受欢迎，所植小树皆剪丫除肄，根枝盘曲，有环抱之势。树下堆作小山，覆以青苔，点以碎石，有些大盆景甚至还造为水池，颇有盆中观壮景，户内走千山的味道。

自然之花也好，盆中之花也罢，聚众狂欢也好，一掷千金也罢，都体现出都市居民对花的狂恋，这种狂恋把明人以华为美的生活观、审美观展露得淋漓尽致。

前面提到宣宗皇帝好斗蛐蛐，其实促织之戏也是当时民间的一项普遍爱好，南北皆然。由于该项活动对抗性强，富有刺激性，所以受到了爱新奇、喜刺激的明代男性市民的青睐。其实新奇和刺激也属于以华为美的一个方面，它与安分守己、平淡稳定的生活观是相对的。《帝京景物略》一书详细介绍了京城人捉养蛐蛐的情形。秋季七八月间，闾巷子弟们纷纷手提竹筒、过笼、铜丝罩等工具，出永定门外，来到荒寺颓屋、杂草丛生之地，四处寻觅洞穴。他们侧听徐行，闻声而进。一旦觅得穴口，先掭以尖草，继而灌以筒水，促织跃出，观其动作，然后追逐捕捉，携之而归。这个过程本身就带有某种刺激。归来之后，经色辨、形辨数道审视程序，然后根据蟋蟀的不同类型决定调养的方式。调养又分为食养、水养和医养数种，其精心护理的程度不亚于今天驯马师之调理赛马。

决斗那一刻是惊心动魄的，有人曾写诗形容道："燕市斗场挨户户，正酒色天（即阴雨天）好决赌。各提斗盆绣花缕，摩挲人手澄泥古。高下参差列两庑，似为秋虫判疆土。昨夜寻声向秋圃，金翅麻头合虫谱。蹲踞盆中势如虎，未许他虫跳梁侮。作势登场势逾怒，双须立似旌旗竖。积怒不动目相拒，一阵一阵骤风雨。战胜长鸣鸣以股，主人夺采盆安堵。保抱小虫歌大武，指盆笑谓将军府。"〔3〕我们知道，明代的促织之戏实际上带有赌博的性质，金钱因素的介入使此项活动陡然增加了数倍的刺激。尤其是江南一带，赌者好斥巨资，"每赌胜负辄数百金，至有破家者"（沈德符《万历野获编》卷二十四）。商业社会那种见钱眼红、争利不要命的心理在促织之戏里得到赤裸裸的表露，它反映出市民审美观中"恶"的一面。

**放情纵欲**

狎妓大概要算明代最盛行的活动之一了。明人对情欲的放纵在此方面体现得最为肆意和彻底。张扬情欲应该说是以华侈为美的重要特点之一。其实狎妓现象历代都有，只是过去妓女多集中在大都会，狎妓也属于少数达官贵人的行为，而明代则到处都有，"布满天下"，"穷州僻邑，在在有之"（谢肇淛《五杂俎》卷八），且狎妓者也普及到了社会的各个阶层。商业社会就有这么一个突出的特点，即金钱面前人人平等。只要有钱，什么人都有权利消费；同时，一旦市场有了某种需要，很快就会生长出这种产业来。有人愿意花钱，有人愿意挣钱，谁也管不着。所以妓女的大量出现实际上是商品化的产物。

如果说，过去狎妓尚属于小范围的活动，士大夫对此还多少有所顾忌的话，那么如今放纵之风加上商业化的操作，对一个礼教治国、等级森严的封建社会来说，无疑成了一种锐不可当的冲击。当时有一些文化界的人士甚至借此来对权威文化表示反抗，比如正德时著名的文学家康海就曾公然与一名妓女同骑一头毛驴，"游行道中，傲然不屑"（何良俊《四友斋丛说》卷十八），这明显是向"假道学"示威。另外，明末的社团文人、名公巨卿如冒襄、龚鼎孳、钱谦益等人也纷纷娶秦淮名妓为妾。至于在家中自组戏班，养着若干优伶、歌妓的缙绅士大夫就更多了。在这股纵欲的潮流当中，占据主体的还是市民阶层，尤其是那些四海为家、腰缠万贯的商人们。余怀《板桥杂记》曾生动地记载过南京秦淮河一带为人艳慕的妓院景况，录取其中一节以示：

> 旧院，人称曲中，前门对武定桥，后门在钞库街，妓家鳞次，比屋而居，屋宇清洁，花木萧疏，迥非尘境。到门则铜环半启，珠箔低垂，升阶则狗儿吠客，鹦哥唤茶；登堂则假母肃迎，分宾抗礼；进轩则丫鬟毕妆，捧艳而出；坐久则水陆备至，丝肉竞陈；定情则目挑心招，绸缪宛转。纨绔少年，绣肠才子，无不魂迷色阵，气尽雌风矣。（《板桥杂记·雅游》）

张岱于《陶庵梦忆》中对商都扬州的妓女市场还有更为具体而逼真的描写：

> 广陵（扬州旧称）二十四桥风月，邗沟尚存其意。渡钞关，横亘半里许，为巷者九条。巷故九，凡周旋折旋于巷之左右前后者什之。巷口狭而肠曲，寸寸节节，有精房密户，名妓、歪妓杂处之。名妓愿不见人，非向导莫得入。歪妓多可五六百人，每日傍晚，膏沐薰烧，出巷口，倚徙盘礴于茶馆酒肆之前，谓之"站关"。茶馆、酒肆、岸上下，纱灯百盏，诸妓掩映闪灭于其间，屃赑者帘，雄跱者阈，灯前月下，人无正色。所谓"一白能遮百丑"者，粉之力也。游子过客，

往来如梭，摩睛相觑，有当意者，逼前牵之去，而是妓忽出身分，肃客先行，自缓步尾之。至巷口，有侦伺者向巷门呼曰："某姐有客了。"内应声如雷，火燎即出，一一俱去，剩者不过二三十人。沉沉二漏，灯烛将烬，茶馆黑魆无人声。茶博士不好请出，惟作呵欠，而诸妓醵钱向茶博士买烛寸许，以待迟客。或发娇声唱《擘破玉》等小词，或自相谑浪嬉笑，故作热闹，以乱时候。然笑言哑哑声中，渐带凄楚。夜分不得不去，悄然暗摸如鬼，见老鸨，受饿受笞，俱不可知矣。余族弟卓如，美须髯，有情痴，善笑，到钞关必狎妓，向余噱曰："弟今日之乐，不减王公。"余曰："何谓也？"曰："王公大人侍妾数百，到晚耽耽望幸，当御者亦不过一人。弟过钞关，美人数百人，目挑心招，视我如潘安，弟颐指气使，任意拣择，亦必得一当意者呼而侍我。王公大人岂过我哉！"复大噱，余亦大噱。(《陶庵梦忆》卷四 )

金钱在一个转型社会中所起的作用犹如一把双刃剑，一方面割断了封建规范的束缚，打破了封建等级的限制，解放了人性；另一方面它也在刺激情欲的同时也扭曲了人性，摧残了人的尊严。这两种情况在明代后期都显得十分突出，使当时的审美文化呈现出复杂的局面。

无独有偶，作为一个消费性城市，除了妓女市场之外，扬州还有另外一种市场——姬妾市场，专门收养、培训少女，供人家做偏房，当时称为"瘦马"："广陵蓄姬妾家俗称养瘦马，多谓取他人子女而鞠育之，然不啻已生也。天下不少美妇人，而必于广陵者，其保姆教训，严闺门，习礼法，上者善琴棋歌咏，最上者书画，次者亦刺绣女工。至于趋侍嫡长，退让侪辈，极其进退浅深，不失常度，不致憨憨起争，费男子心神，故纳侍者类于广陵觅之。"（王士性《广志绎》卷二）妻妾成群、一夫多妻是封建社会畸形的婚姻现象，也是男权中心主义的产物，但正统的封建观念对此还是持约束态度的。明初时，出于稳固家庭伦理秩序的动机，政府对婚姻曾有法律规定："其民年四十以上无子者，方听娶妾，违者笞四十。"（《大明律集解附例》卷六）但实际上是管束不住的。到了后期，此风愈烈，终于形成了市场效应，当作一门生意做起来了。

与狎妓相比，娶妾毕竟属于一种婚姻行为，

所以人们选择对象的标准与狎妓也有所不同，某种程度上还带有传统的审美眼光。此种文化现象颇令人玩味。然而既然纳入了商品化的轨道，它就要遵循商业的规则，说到底，这毕竟是一种买卖。试看张岱对"瘦马"市场夹带讥嘲且又不乏风趣的描写：

> 扬州人日饮食于瘦马之身者数十百人。娶妾者切勿露意，稍透消息，牙婆驵侩咸集其门，如蝇附，撩扑不去。黎明，即促之出门，媒人先到者先挟之去，其余尾其后接踵伺之。至瘦马家，坐定，进茶，牙婆扶瘦马出曰："姑娘拜客。"下拜。曰："姑娘往上走。"走。曰："姑娘转身。"转身向明立，面出。曰："姑娘借手瞧瞧。"尽褫其袂，手出，臂出，肤亦出。曰："姑娘瞧相公。"转眼偷觑，眼出。曰："姑娘几岁？"曰几岁，声出。曰："姑娘再走走。"以手拉其裙，趾出。然看趾有法，凡出门裙幅先响者必大，高系其裙，人未出而趾先出者必小。曰："姑娘请回。"一人进，一人又出，看一家必五、六人，咸如之。看中者，用金簪或钗一股插其鬓，曰"插带"。看不中，出钱数百文，赏牙婆或赏其家侍婢，又去看。牙婆

倦，又有数牙婆踵伺之。一日，二日，至四、五日，
不倦亦不尽，然看至五六十人，白面红衫，千篇一
律，如学字者一字写至百至千，连此字亦不认得矣。
心与目谋，毫无把柄，不得不聊且迁就，定其一人。

（《陶庵梦忆》卷五）

狎妓也好，娶妾也罢，其实都是放纵情欲
的行为，所不同者仅在于前者买一时，而后者
买终身耳。二者均非平等的两性关系，更非情
与爱的结合。人性的禁锢和人性的放纵是一条
因果链上的两个环节，商品经济不过促成了它
们的转化而已。从这个意义上说，后者还应该
算是一种进步，尽管这种进步本身又包含了新
的对人性的戕害。

总的来说，明代人的审美观是在不断冲决束
缚、否定传统的过程中确立起来的，作为一种新
兴的文化价值观念，它实际上并不成熟，还带着
相当的不确定性和幼稚性，缺乏必要的理性反省
能力。但是以华为美作为一种审美风尚，已经如
一股阻挡不住的暖流，在长久封冻的土地上吹皱
满池的春水了。

〔1〕　　汪历贤《灯市竹枝词》，引自《帝京景物略》。
〔2〕　　王世贞《韦园同于鳞、子与、子相各赋三首》之一，朱宗吉《韦园》之
　　　　二，引自《帝京景物略》卷三。
〔3〕　　闵景贤《观斗蟋蟀歌》，引自《帝京景物略》卷三。

## 2 精美绝伦

突显创造激情和个人风采的工艺品

　　无论如何，创造才是最有说服力的。当一个社会习惯于循规蹈矩，知足常乐，久而久之，就丧失了对新事物的兴趣，丧失了创造的热情和能力，这对一个民族来说，意味着生命的萎缩和老化。只有不断地求变创新，勇于开拓，生命之树才会长青，社会才会充满活力。以华为美的审美观正是起到了这样一种激励创新、推动社会发展的作用。我们从当时"卫道者"们充满敌意的慨叹中，可以自反面证明这一点："至于民间风俗，大都江南侈于江北，而江南之侈尤莫过于三吴。自昔吴俗习奢华，乐奇异，人情皆观赴焉。吴制服而华，以为非是弗文也，吴制器而美，以为非是弗珍也。四方重吴服，而吴益工于服；四方贵吴器，而吴益工于器。是吴俗之侈者愈侈，而四方之观赴于吴者，又安能挽而之俭也。盖人情自俭而趋于奢也易，自奢而返之俭也难。今以浮靡之后，而欲回朴茂之初，胡可得也？"（张翰《松窗梦语》卷四）江南是得风气之先的地区，所以这方面表现得尤为突出。物质生产的丰富改变了人们的生活观念，而生活观念的改变又反过来促进了生产的发展，激发了人们的创造热情，这个关系连古人也看出来了，只不过所取的态度有所不同罢了。

在这场社会变革当中，真正的创造者不是别人，恰是以手工业者为主体的市民阶层，他们是新的生产力的代表，也是美的创造者，正是这些被正统观念视作"贱工"的匠人们，创造出了令人叹为观止的财富和成就，把中国的工艺生产推进到了一个崭新的境界。中国文化因此而放射出灿烂夺目的光彩，并再一次领先于世界。在此让我们怀着敬意来一睹他们的创造成果及其特有的人格风采。

**万紫千红在织造**　纺织业的历史最为悠久，明代中叶前后，这个产业又发生了深刻的变化，率先出现了最早的资本主义生产关系。在江南地区，"机户出资，织工出力，相依为命"（《明神宗实录》卷三百六十一），"大户一日之机不织则束手，小户不就人织则腹枵，两者相资为生久矣"（蒋以化《西台漫记》卷四）。这种带有竞争性的商品生产大大推动了该项产业的发展，使长江下游地区一跃而为全国纺织业的中心。

现属上海市的松江为生产棉布的重镇，有棉都之称。相传元代时黄道婆自崖州来，教授当地人纺织，于是该地遂发达起来。它生产出的棉布品种最为繁多，有云布、尤墩布、标布、官布、细布、飞花布、织花绒布等等，种类不断更新，层出而不穷。属松江府的嘉定县又于此基础上推出了斜纹布、药斑布、棋花布、紫花布等，不但质地匀细，而且色彩交错，各具特色。当时上自皇帝、下至平民都喜欢松江的棉布，万历时期棉布还外销到了日本、菲律宾等东南亚地区，成为当地人民的日常衣料，后又由葡萄牙商船远销到西欧和美洲，深受该地区各阶层人士的喜爱。

丝织业的发展更是惊人，其产地主要集中在杭州、嘉兴、湖州、松江、苏州、南京等地，品种可分为绫、罗、绸、缎、纱、绢、绒、锦等等。它们的制作工艺已非前代可比，全都非常精致、复杂，有织金、妆花、过肩、闪色等等类别，色彩也比过去更为丰富，如红色有大红、莲红、桃红、银红、水红、木红；黄色有赭黄、鹅黄、金黄；绿色有官绿、豆绿、油绿；青色有天青、葡萄青、蛋青；蓝色有翠蓝、天蓝；白色有月白、草白、象牙白等等。以华为美的风气在丝织服装方面表现得最为突出。嘉靖以后，丝绸的穿着已极为普及，人们竞相购置，惟恐落后，形成了服饰上争奇斗艳的局面。这里且举《金瓶梅》中西门庆几位妻妾的服装为例："月娘上穿柳绿杭绢对衿袄儿，浅蓝水绸裙子，金红凤头高底鞋儿。孟玉楼上穿鸦青缎子袄，鹅黄绸裙子，桃红素罗羊皮金滚口高底鞋儿。潘金莲上穿着银红绉纱白绢里对衿衫子，豆绿沿边金红心比甲儿，白杭绢画拖裙子，粉红花罗高底鞋儿。只有李瓶儿上穿素青杭绢大衿袄儿，月白熟绢裙子，浅蓝玄罗高底鞋儿。"这些人物的穿着从上到下没有一处是重复的，小说中的描写反映出了当时社会上的实际情形。

重开海禁以后，中国的丝绸被商人们大量运往东南亚地区，成为马尼拉市场上最为抢手的货物之一，西班牙和葡萄牙商船还把这些精美的织品经菲律宾运往欧洲和美洲，成了该地上流社会最珍贵的衣料。它们与其他中国商品一起造成了西方社会经久不衰的"中国热"。

纺织业生产水平的提高必然伴随着生产工具的更新，那些图案复杂、色彩缤纷的丝织品用简单的腰机已无法制作，于是新式的花机诞生了。花机是一种大型织机，其构造相当复杂，宋应星在《天工开物》中对其有详细的描述，并附有图形，它长约一丈六尺，由两个人操作，一人在下踏织，另一人"坐立花楼架木上"，专司提花。"盖绫绢以浮经而见花，纱罗以纠纬而见花，绫绢一梭一提，纱罗来梭提，往梭不提，天孙机杼，人巧备矣。"最具创造性的一道工序是花本的制作，花本乃是供织造用的样本："凡工匠结花本者，心计最精巧，画师先画何等花色于纸上，结本者以丝线随画量度，算计分寸杪忽而结成之。张悬花楼之上，即织者不知成何花色，穿综带经，随其尺寸度数，提起衢脚，梭过之后，居然花现。"（《天工开物》卷二）这些复杂的工艺程序集中了工匠们非凡的聪明才智和创造热情，纺织业因此而再次焕发出青春的光彩，整个世界都为之赞叹。

**大明五彩瓷**

明代的陶瓷在元代基础上，又取得了令人兴奋的进展。首先表现在青花瓷的制作上。元时的青花尚处于初创，故品种和产量都不多，而且主要用于向中东出口。到了明代，青花瓷器已普遍为国内各阶层所接受，器型也扩大到了家庭日用的各个方面，成为瓷器生产的主流。当时的青花器皿有杯、盘、碗、碟、瓶、罐等品种，其中仅碗一项现在发现的就有数十个种类之多，充分说明这种风格既素雅又热烈的工艺品之深得人心。明代的青花瓷在图案的设计上也有了改进，原来繁密的布局不见了，层次也减少了，画面显得疏朗而简约，这就跟中国的民族欣赏习惯更趋靠近。图案依然是以花卉、瓜果为主，其中包括松、竹、梅"岁寒三友"，禽、鸟、鱼、虫；也有人物，如婴戏、八仙等，还有龙凤、八卦等图形，总之中国的气派越来越突出。构图上，线条的描绘变得更加细腻、精致，类似于绘画中的工笔画，显然是借鉴了绘画艺术的结果，同时也说明青花的装饰工艺更臻成熟。

明代景德镇的青花瓷是朝着精品的方向努力的，所谓"选料、制样、画器、题款，无一不精"（朱琰《陶说》）。仅选料一项景德镇就有若干道工序，《天工开物》卷七中这样描述：

"此镇从古及今为烧器地，然不产白土。土出婺源、祁门两山，一名高梁山，出粳米土，其性坚硬；一名开化山，出糯米土，其性𥂕软。两土相合，瓷器方成。其土作成方块，小舟运至镇，造器者将两土等分入臼，舂一日，然后入缸水澄，其上浮者为细料，倾跌过一缸，其下沉底者为粗料。细料缸中因取上浮者，倾过，为最细料，沉底者为中料。既澄之后，以砖砌方长塘，逼靠火窑，以借火力，倾所澄之泥于中，吸干，然后重用清水调和造坯。"经过这些工序制出的瓷器，质地细腻洁白，釉层匀透，触摸时给人以玉的感觉。青料的加工亦复如此，明前期青料采用西域进口的回青，一般工匠都要经过"敲青"和"淘青"两道工序。万历以后，开始选用浙江的青料，由于质料不同，匠人们又创制出一种新的煅烧法："用时先将炭火丛红煅过，上者出火成翠毛色，中者微青，下者近土褐，上者每斤煅出只得七两，中下者以次缩减。"（《天工开物》卷七）经过工艺改革后的青花色泽淡雅，鲜而不艳，给人沉静柔和的感觉。

尽管景德镇青花瓷已经获得了国内外的一致推崇，然而明代的匠人们依旧不满足，他们力争要创造出具有时代特色的新产品来。在这种精神激励下，斗彩青花终于诞生了。所谓斗彩，是指用青花绘制坯胎，施以透明釉，入窑烧成后，再施加红、绿、黄、褐、紫等多彩颜料，经二次烧制而成的瓷器。因为它以釉下彩与釉上彩相逗、相拼，故称"斗彩"，当时人又称为"青花间装五色"。"本朝瓷器，用白地青花，间装五色，为古今之冠。如宣窑品最贵。近日又贵成窑，出宣窑之上。盖两朝天纵，留意曲艺，宜其精工如此。"（沈德符《万历野获编》卷二十六）斗彩瓷器在器皿的口沿、颈部和足部往往绘有青花图案，而腹部中心位置则先用青花绘出花鸟、人物的半体，或勾出轮廓线，然后再用五彩颜料配合涂抹，完成全画。这种瓷器的基色仍然是青花，同时又比原来的青花瓷要绚丽，尤其是五彩中的鲜红色调，与青花底色形成了一种冷暖对比的效应，显得尤为醒目。明斗彩的传世之作有斗彩荷花盘、斗彩直颈瓶、**斗彩鸡缸**（彩图12）和斗彩鸳鸯图碗等。**斗彩青花**（彩图13、彩图14、彩图15）的问世代表着明代瓷器独特风格的形成，这种风格的审美特征为：五彩缤纷，热烈绚烂。

嘉靖年间，在斗彩的基础上，再进一步，就创制出了五彩瓷。五彩瓷，严格地说，也是一种斗彩，但釉下的青花已不再占据主要位置，成了配角，釉上的五彩则占据了主体位置。这种五彩瓷改变了原来青花瓷图案疏朗的特色，再一次以花纹满密求胜，用彩尤其突出红色，使整体气氛显得更加浓艳华丽。万历时期，五彩的底色又由原来的纯白扩展为黄、红、褐、绿、紫等多种色调，充分展示了明人富于创意、勇于求新的审美心态。上述彩瓷合在一起，组成了闻名天下的"大明五彩"。如果说青花瓷的全面成熟体现出明人对元代传统的继承和发扬，那么大明五彩则是他们对时代审美观念的一种创造性表达，是他们以华为美的审美理想的直接体现。从时间上看，青花与五彩之间并没有形成替代的关系，相反，它们的并存和渗透本身就是争奇斗艳的表现。

其实除了五彩瓷之外，明代的彩釉瓷也十分

引人注目，如被称为"宝石红"的红釉，白底红彩的釉里红，有孔雀绿美称的绿釉，鲜嫩如葵花的黄釉，色泽深沉的蓝釉，带有紫金色的酱釉，以及被誉为"一代绝品"的景德镇甜白瓷和白中微微泛红的德化猪油白，这些品种与五彩瓷一道，构成了明代瓷器百花齐放的格局。17世纪初也即万历年间，荷兰、英国的商船先后来到中国，开始大量贩运青花和彩瓷，从那时起，中国的瓷器改变了西方人餐桌上的用具，也令他们对中国的工艺技术赞叹不绝。至于邻近的日本、俄国及东南亚诸国，它们或是订制景德镇的产品，或者派人前来学习制作的技术，由此，中国的文化充满自信地走向了全世界。

一代有一代之器用，一代有一代之品位，明代人的文化品位在瓷器制作方面留下了自己深深的印迹。

中国的工艺制作发展到明代，出现了一个前代没有的现象，那就是制作者着意表现属于个人的特点，标榜个性成为一种时髦。随着资本主义生产萌芽的出现，工艺界从趋同的心理逐渐走向求异，个体意识明显地提高了。隆庆、万历时期，景德镇出了一个叫昊十九的工艺家，能诗善书，艺术修养很高，经他手制作的瓷器极富创意，品味高雅，人称"天下驰名昊十九"。昊当时最受人推崇的是卵幕杯和流霞盏这两个品类，卵幕杯莹白可爱，杯壁超薄，"如鸡卵之幕"，一枚仅重半株（二十四铢为一两）。流霞盏则色彩变幻不定，艳若流霞，书画家李晔曾写诗称赞说："为见丹砂到市廛，松声云影自壶天。凭君点出流霞盏，去讯兰亭九曲泉。"昊十九自号壶隐道人，他的作品当然不止上述两种，凡是经他手制成的瓷器底部都书有"壶隐老人"四字，以示自具一格。当时人因此也尊称他的作品为"壶公窑"。昊十九可以视作景德镇名工巧匠的一个代表。

福建德化窑也有类似的情况，德化的白瓷驰名中外，其特点是光润洁莹，白若凝脂，对阳光照看，隐现出淡淡的粉红色，国内人称猪油白，或象牙白，欧洲人则名之为"中国白"。德化白瓷除了用来制作器皿外，也有一些手艺高强的工匠用其来刻制人物雕像，他们创作的雕塑有观音、达摩、弥勒佛、释迦牟尼以及关帝、妈祖等，这些神像的背部往往刻有作者的印记，如"何朝宗""林朝景""张素山"等等。其中何朝宗的雕像最为有名，他塑造的**达摩**（彩图16）虬须虬眉，双手拢袖，拱于胸前，两足立波涛之上，脸色庄重，目光深邃；而观音则体态丰盈，表情慈祥，衣袂飘动潇洒，富有一种人间的市俗之美。这些塑像不但在国内深受欢迎，而且也享誉海外，被称为"东方艺术的明珠"。很显然，愈是具有个性特点的作品就愈受人欢迎，其文化价值、审美价值也愈高。

**陶竹神韵**

这里还应该提到江苏宜兴的紫砂陶器。人所共知，宜兴的陶器工艺十分发达，有陶都之称，其紫砂器皿尤其是茶具享誉国内外，被视为"精美绝伦""天下无类"。宜兴陶器的辉煌时期实际上是从明代中叶开始的，它的超群拔俗的杰出成就恰恰建筑在当时一批富有才华和个性意识强烈的工艺家身上。清代人吴骞在《阳羡名陶录》中追述说："壶，则宜兴有茶壶，澄泥为之。始于供春，而时大彬、陈仲美、陈用卿、徐友泉辈，踵事增华，并制为花樽、菊盒、香盘、十锦杯子等物，精美绝伦，四方皆争购之。"供春又名龚春，初时为某官宦的家僮，暇时精心揣摩制陶工艺，起初模仿他人，后来探索出了自己的风格，终成一代名匠。他的传世作品"栗色暗暗，如古今铁"，内韵十足，风格独特。在他之后，新秀辈出。其中时大彬、李大仲芳、徐大友泉最为有名，号称"三大"。三人里时大彬又声誉独超。时大彬初时也仿效供春，"喜作大壶"，后与名公雅士交游，受到启发，改作小壶，在造型上精心运思，狠下功夫。他制作的茶具不务妍媚，朴雅坚栗，"几案有一具，生人闲远之思"（吴骞《阳羡名陶录》上），达到了极高的艺术境界。较之供春，时大彬可谓青出于蓝，他不但技术全面，而且不拘一格。有人记载过他的一件名作："向在友人家，见一阳羡（宜兴古名阳羡）砂钵盂，用以为水注，旁缀一绿菱角，一浅红荔支，一淡黄如意，底盘以黑螭虎，龙即以因爪为足。下镌大彬二字。设色古雅，制度精巧，而四物不伦不类，莫知其取义。后询一老骨董客，谓余曰：'此名伶（菱）俐（荔）不（钵）如（意）痴（螭）'。"（桐西漫士《听雨闲谈》）这件砂钵盂不但色彩斑斓，造型古雅，而且蕴含了深刻的人生哲理，其审美价值，自然超出一般器皿之上。

　　张岱曾经指出："夫砂罐，砂也；锡注，锡也。器方脱手，而一罐一注价五六金，则是砂与锡与价，其轻重正相等焉，岂非怪事？然一砂罐，一锡注，直跻之商彝周鼎之列，而毫无惭色，则是其品地也。"（《陶庵梦忆》卷二）张岱提出了一个很有意义的问题，即工艺品的价值在哪里？宜兴名匠的陶器也是陶土所制，其所以与"金玉等价"，应该说，在于它们蕴含了深厚的人文韵味，且具有独特的艺术创造性。稍早于张岱的袁宏道也曾指出，当时的优秀工艺品在士大夫眼中"与诗画并重"，以至"文人墨客、名公巨卿，炫赫一时者，不知湮没多少，而诸匠之名，顾得不朽"（《瓶花斋集·时尚》）。这是前所未有的现象。如果说明代陶瓷有超出于前代之处的话，个性化和独创性应是它对中国审美文化的最大贡献。

明代的手工业在商业化趋势推动下，出现了全面繁荣的局面，很多传统行业与纺织、陶瓷一样取得了突出的成就，范围之广，远远超过了元代。造纸业即为其中之一。众所周知，造纸为中国四大发明之一，早在东汉时期，就能成批量地制作。以后各代又不断地加以改进，宋朝时，中国纸张的质量已达到了相当精良的程度。入明之后，随着文化事业的发展，印刷业的突飞猛进，市民文化水平的普遍提高，人们对于纸张的需求空前增大，这种形势下，造纸业顺应了时代需要，不断地改进制作工序，扩大产量，拓展新品种，获得了突破性的进展。

宋应星在《天工开物》中根据原料的不同把明代的纸品分为两类，一类是竹纸，另一类是皮纸。竹纸主要用于书写及印刷，由于原料富足，造价不高，加上工艺精湛，成为当时最为普及的一种纸张。其优质品种有连七纸、观音纸、奏本纸、榜纸、小笺纸、大笺纸等，"一时书文贵重"。皮纸则取树皮为原料，质地较竹纸更为紧密、坚韧，不易吸水，多用以绘画和裱糊，若取以印刷，则为精版。宣德年间，明代的造纸技术达到了顶峰，当时的产品人称为宣德纸。宣德纸的品种最多，它的白笺"坚厚如板，两面砑花，如玉洁白"（项元汴《蕉窗九录》），细腻光莹的程度前所未有，堪称白纸之最。又有洒金五色花笺，五色粉笺，五色大帘纸，磁青蜡笺等彩色纸，"至薄能坚，至厚能腻，笺色古光，文藻精细"，"如缎素坚勒可宝"（邹炳泰《午风堂丛谈》卷八）。它们既有实用价值，也具审美价值，本身就是艺术品。此外，松江的潭笺，新安的仿宋藏金笺，成都的薛涛笺，浙东的桑皮纸，以及仿效朝鲜国的高丽笺皆驰名一时，各具风采。当时，造纸匠人的个性特色也开始显露，出现了陈清等以名落款、以纸扬名的造纸艺人，逐使宣德纸大放异彩。

　　张岱在《陶庵梦忆》中感慨道："竹与漆、与铜、与窑，贱工也……而其人且与缙绅先生列坐抗礼焉。则天下何物不足以贵人？特人自贱之耳。"张的议论很有点新思维的味道，可以说，代表了当时新兴的人文主义思想。千百年来，工匠一直被人视作贱民，其地位比农民还要低，元代时工匠的待遇甚至接近于奴隶，即使明初，也还保留着这种残余，"其在官者，国初以工役抵罪，编成班次"，"至今隶于匠籍"（《松窗梦语》卷四）。试想在这种环境之下，匠人们的智慧才华怎么能得到尽情发挥呢？封建等级观念不但严重压抑了生产力的发展，而且也是对人性、对人的尊严的一种践踏、摧折。明代中后期，商品经济发达起来，工商业的繁荣给工匠们提供了一个展示自己、发展自身的机会。这个时候，原来的等级制度已经压不住人了，社会上评判人的标准变了，只要有才华，只要有创造性，只要能满足人们的物质文化和精神文化的需要，社会就尊重你，给你相应的地位。这种风气显然是新文化观的体现，它与当时的权威文化当然是不相容的，但是权威文化对之已无可奈何了。张岱就属于士夫文人中及时转变观念者，他不但认识到万物皆可贵人，而且领会到了工匠们发愤努力的内在动力，即追求平等。实际上对于工匠们来说，技艺正是他们求得社会平等、求得做人权利以及人性充分发展的一种方式。技术固可谋生，然而技术的价值更在于人格的自我完成。与此相对应，人的解放和地位的提高又反过来促进了工艺水平的进展，使机械的、被动的劳动转化成了创造性的、审美化的活动。劳动的性质变了，效率和质量也就不同了，明代手工业的空前发达应该从这方面来寻找原因。

上引张岱的话中还提到了竹工，竹工在百工当中更属于小技了，然而技虽小而艺却不小，在当时亦堪称一绝。清人把明代的竹工分为两派，一为嘉定派，一为金陵派。嘉定派的名人是朱松龄祖孙三代，人称三朱。朱家世代读书，具备良好的文化传统，朱松龄本人工书法，善绘画，还会篆刻印章，身兼多艺。他的竹器作品多为文房器皿，如笔筒、墨床、棋楸、界方等，也有香筒、杯罍等生活用具。据清代亲见者作诗形容："练川诸生称绝能，昆刀善刻琅玕青。仙翁对弈辨毫发，美人徙倚何娉婷。石壁巉岩入烟雾，涧水松风似可听。"（宋琬《赠竹罍草堂歌》）由诗中推知，朱氏制作的器皿上刻有人物、山水等浮雕式图形，他其实是将绘画的艺术移植到了竹器制造上，使普通的日用器具拥有了高雅、深远的艺术品位。恐怕此即朱氏家族的风格特色吧。朱松龄不仅制作文人雅客的用具，他也迎合市民的爱好，刻制一些妇女的装饰用品，如簪钗之类，这些小装饰品受到更为广泛的欢迎，其中有些饰品干脆就以他的名字命名。如时人诗句中就有"玉人云鬟堆鸦处，斜插朱松龄一枝"，可见他已经成为家喻户晓的人物了。据此可以推断，雅俗并举、巧镂精雕是朱氏乃至嘉定派的特色，可见**雕竹窥简图笔筒**（彩图 17）。

而金陵派又不同，它的代表是濮澄，字仲谦。此人也身兼多艺，能雕刻木器、象牙、犀角等，手艺最高的还是**竹器**（彩图 18），其产品有扇骨、酒杯、笔筒、臂阁等等。濮仲谦的特长似乎是追求自然，也就是说，他喜欢尽量保持竹子原来的形状，用刀甚少而意态全出，这属于大师的手段。张岱曾对此称赞不已："其竹器，一帚一刷，竹寸耳，勾勒数刀，价以两计。然其所自喜者，又必用竹之盘根错节，以不事刀斧为奇。则是经其手略刮磨之，而遂得重价，真不可解也。"（《陶庵梦忆》卷一）据此可以知道，他的作品不以精工取胜，属于那种大巧若拙、返璞归真的类型，此与朱氏家族形成了一种鲜明的对照。

濮仲谦这个人也很有意思，据张岱介绍，"南京濮仲谦，古貌古心，粥粥若无能者"，"仲谦名噪甚，得其一款，物辄腾贵。三山街润泽仲谦之手者，数十人焉，而仲谦赤贫自如也。于友人座间见有佳竹佳犀，辄自为之。意偶不属，虽势劫之，利啖之，终不可得。"（《陶庵梦忆》卷一）在他的作品和为人之间仿佛有一种相通的东西，这种东西离开势利相逐的社会风气很远，高高地超出于功利得失之上，属于一种极为可贵的艺术家的品格。无独有偶，前面提到的景德镇的昊十九也是"性不嗜利，家索然，席门瓮牖也"（李日华《紫桃轩杂缀》）。作为一代名匠，他们有足够的能力致富，有充足的实力扬名，但这些对他们来说都不屑一顾，艺术才是他们毕生为之奋斗、争取的东西。他们所醉心的艺术里不正蕴藏着自己的人格理想么？

从他们身上，我们看到了一种很有兴味的现象，即商品社会不但创造出丰硕的社会财富，不但激发出普遍的消费热情，同时也孕育出了这样一种超然物外的带有审美意味的人生态度，或许它才是新社会真正的曙光。

明代的漆器在百工之中也可称为一绝，当时有所谓"永乐之剔红，宣德之铜，成化之窑"的说法。剔红即漆器之一种。其实漆器的历史比瓷器更为悠久，早在六千年前，我们的祖先就已经懂得在木碗上涂制红漆了，浙江河姆渡出土的原始公社文物中发现了这样的漆碗。至战国时代，漆器工艺已被广泛地应用，装饰图案也丰富多样。唐代时更发展出了金漆、雕漆、堆漆等多种技法。由于陶瓷的高度发达，漆器制造受到了抑制，其地位遂不能与瓷器相比肩。但到了明代，各种工艺争奇斗艳，社会需要丰富多彩，漆器工艺终于再度崛起，以其特有的技术优势与瓷器争辉于市衢。

明代的漆器种类很多，有描漆、雕漆、填漆、戗金、漂霞、倭漆、螺钿等等，其中雕漆的成就十分突出。此种工艺唐代已经出现，即把调制好的彩漆一遍又一遍地涂抹在事先制好的器胎上，等积攒到一定厚度时，再用剔刀雕出花纹。它的特点是立体感强，有浮雕效果，给人逼真的艺术感受。雕漆色彩一般以红色为主，故又称"剔红"，永乐年间它达到了高峰。剔红器皿最常见的有几、架、盘、盒、瓶、匣、杖等等，图案多为花果、鸟雀及人物。留传至今的作品有牡丹孔雀盘、葡萄椭圆盘等。在这些作品中，含苞欲放的花蕾与枝头盛开的鲜花彼此呼应，筋脉毕现的叶片与卷曲缠绕的枝蔓互相印叠，重重遮掩，给人茂密不尽的感觉。尤其是那一串串葡萄，颗粒压颗粒，有叠至四层者，乍一看去，真好像盘中盛满了鲜若水珠的葡萄呢。除剔红之外，雕漆还有剔黄、剔黑、剔彩等数种。剔彩是在胎器上分层涂抹不同色调的彩漆，在雕制时，根据需要，削去上覆漆面，露出特定的色层，结果就刻制出了五彩绚烂的图案。

　　宣德以还，螺钿又逐渐占了上风。所谓螺钿就是用磨制好的蚌壳薄片嵌入胎器当中，然后髹漆覆盖，最后再经磨平，制成五彩缤纷的艺术漆器。蚌壳本属银光发亮且带五色幻光的物体，它与作为背景的黑漆相对衬，就造成一种特殊的美感效果。据记载，明代著名的螺钿专家宣德间有杨埙，隆庆时有方信川，末期有蒋回回等。杨埙在继承本民族工艺的基础上，吸收了日本的漆器工艺，融会贯通，自出新意，"以五色金钿并施，不止循其旧法，于是物色各称，天真烂然，倭人来中国见之，亦指称叹"（陈霆《两山墨谈》卷十八）。吴中蒋回回也属这方面的高手，"用铅钤口、金银花片，甸嵌树石，泥金描彩，种种克肖，人亦称佳"（高濂《遵生八笺》卷十四）。商品社会的竞争以及名家的辈出使得螺钿技术不断地得到提高，一方面花纹愈加趋向于精微，以至"工细如发"，"即平地物件，亦难措手"；另一方面，用以镶嵌的物件也越来越丰富多样。明末扬州有一周姓工匠，创制出了杂宝镶嵌法，将金、银、宝石、珍珠、珊瑚、碧玉、翡翠、水晶、玛瑙、玳瑁、螺钿、象牙、沉香等数十种色彩各异的珍贵物件汇集在一起，分别镶入同一件漆器中，造成了五色陆离、精光四射的效果，人称"周制之法"。经他手制作的器件有屏风、桌椅、窗槅、书架、笔床、茶具、匣箱等等，一时名重寰内，远销海外，被誉为"古来未有之奇玩"。明代人偏爱五色缤纷、热烈喧闹的审美定势由漆器工艺再一次得到了印证。

⑫ / 明
斗彩鸡缸

⑬ / 明
五彩鱼藻纹大罐

14 / 明
五彩莲花纹盖盒

15 / 明
素三彩三足洗

16 / 达摩之像
（明，何朝宗塑）

⑰　雕竹窥简图笔筒
　　（明，朱松龄雕）

⑱　/　明
　　濮澄竹雕松树形壶

19 / 沈周
《庐山高图》

20 / 唐寅
《落霞孤鹜图》

　　除漆器外，明代富有创造性的工艺还有珐琅铜器（景泰蓝）、锡器、家具、刺绣、制扇、牙雕、玉雕、泥塑等等，真可谓百花齐放，无所不备。明人自己对本朝的工艺品颇感自负，常常将此诉诸笔端，如沈德符说："玩好之物，以古为贵，惟本朝则不然，永乐之剔红，宣德之铜，成化之窑，其价遂与古敌。"（《敝帚斋余谈》）张岱称："吴中绝技，陆子冈之治玉，鲍天成之治犀，周柱之治嵌镶，赵良璧之治梳，朱碧山之治金银，马勋、荷叶李之治扇，张寄修之治琴，范昆白之治三弦子，俱可上下百年，保无敌手。但其良工苦心，亦技艺之能事。至其厚薄浅深，浓淡疏密，适与后世鉴赏家之心力目力，针芥相对，是则岂工匠所能办乎？盖技也而进乎道矣。"（《陶庵梦忆》卷一）大文豪王世贞也有类似的说法。这些明达世情的文人士大夫公开承认，本朝人的智慧和才能相当一部分就体现在工艺领域，工匠艺人的贡献和人品足以"与缙绅先生列坐抗礼"，"其势尚未已也"。这种社会形势对于保守、顽固的权威文化无疑构成了一种颠覆式的冲击。

　　明代的工艺领域在审美文化中占有重要地

位。如果说以前中国人的审美观重精神而轻物质的话，那么明代就出现了一股既重物质也重精神、兼顾形而上及形而下的新潮流；如果说传统的美学观念视平民为俚俗，含有贵族倾向的话，那么到了明代，市俗的、大众化的审美趋尚逐渐壮大，势力已压过旧权威，占据了社会的主流。在雅跟俗这两大趋尚之间，以前总是雅在提高俗，改造俗，甚至扬弃俗，现在情况刚好相反，俗反过来兼容雅，改造雅，甚而至于扬弃雅。雅的生命趋向衰弱，而俗的势头方兴未艾。只要是面对现实的人，谁也不敢小视俗文化，因为它已成为明代文化的实际支撑者，成为明代人创造力最重要的策源地，成为明人立足于文明史上的骄傲。中国审美文化发展到明代，可以说正式进入了近代的范畴。这一进入没有硝烟，没有流血，却比战争的效果还要巨大，中国从此有了新的文明方向，而这种新文明所带来的人性的解放、人性的张扬和人性的放纵，又远不是几句评判所能概括得了的。

# 推尚情欲的明代小说戏曲

当不断壮大的市民阶层在社会上占有了一定地盘，扮演着越来越重要的角色时，他们对于文学艺术的需求也在随之迅速增长。物质文化的创造和享用不仅不能替代精神方面的需要，相反，它会促进这种要求。只有在精神文化方面拥有自己的世界，找到自己的位置，市民才会真正作为一个社会等级而存在，并在文化的反观和自省中确立自信心。这个阶层的文化水平不高，所以形象可感、富有人情味的文学艺术就成为他们精神生活中最重要的食粮。元代戏曲满足了那个时代下层民众的审美需要，成为一代之艺术，到了市民队伍不断扩大的明代，仅仅一种艺术形式已经不够了，于是通俗类文艺不断生长出来，其势头之猛，提高之快，远远超过了正统诗文。在众多的文艺形式当中，小说又成为最受欢迎的一种形式，获得了空前的发展。

如果说工艺生产领域体现了明代人以华侈为美的文化风尚的话，那么在作为文学形式的小说里，我们看到的则是一种市俗的人情之美，一种接近生活原态的逼真之美，一种对人性作自然描述的裸露之美。总之，这是一个充满了新的人性美的艺术世界。

# 美在平凡

## 通俗小说由神向人的回归

**1**

　　这里所说的小说不是那种供文人士大夫欣赏的文言作品，那种小说曾经在魏晋南北朝和唐代十分发达，但基本上与市民阶层无关。这里谈的是通俗小说，此种小说从语言形式、表述方法以及审美情趣诸方面都与广大市民紧密相关，它从一开始就是市民文化的产物。通俗小说最早实际上是一种口头艺术，也就是说它属于一种表演性质的伎艺。早在唐代时就流行着一种被称作"俗讲"的口头伎艺，它是由僧人来表演的，场所就在寺庙内。俗讲最初只用来宣讲佛教经义，为了吸引听众，往往掺入许多与佛教有关的故事，后来扩大到世间尘俗的故事，于是成为一种普及性的娱乐形式，其演唱的底本称"变文"。

到了宋代，城市经济的繁荣使通俗文艺获得了长足发展，俗讲伎艺也由寺庙转移到了固定的演出场所瓦舍、勾栏之中，表演者已经完全是职业艺人了。关于勾栏的情况前面讲戏曲的时候提到过。其中讲唱艺术一支正是由俗讲发展而来，包括鼓子词、转踏、唱赚、陶真、诸宫调等，形式上均为有说有唱，内容也都是讲述故事，它们为戏曲的诞生准备了条件，同时也是通俗小说的血亲。当时还有一种表演伎艺叫作"说话"，元明以后又改名为评话、说书等。说话作为一门表演艺术，与俗讲一样，也有底本，这种本子称作话本。话本就是我们所讲的通俗小说。话本小说既然自说话发展而来，它就必然跟此种伎艺具有密切联系。语言方面，话本是口语化的，这一点它比变文做得更彻底，变文由于经文以及借鉴史书的关系，语言上还不够通俗，话本则完全俚俗化了。为了吸引观众，说话还往往采取又说又唱的形式，这一点与诸宫调等讲唱艺术很相似，区别仅在于前者以说为主，而后者以唱为主。说话演变成话本小说，表演性虽然消失了，但叙述形式仍然保留了散文和韵文两个部分，其中有一些作品穿插了更多的诗词，所以又称为诗话或词话，如《金瓶梅词话》《唐秦王传词话》等。结构方面，话本小说也完全承袭了说话的一套程序，即开头有一段入话，相当于引子，或为诗词，或为一个小故事，之后才进入正话。最后还有一首结尾诗，作为总结。有些故事篇幅较长，一次讲不完，特别是讲史类的故事，于是分成若干回讲，话本小说也因此而分卷和分回。这就是明代章回小说的起源。

从勾栏、瓦舍的演技发展到案头阅读的话本，市民的文化水平显然是逐步提高了，过去人们满足于在娱乐场所凑凑热闹，看看表演，现在有了一定的阅读能力，便产生了独自品味的要求，两者之间的审美效果是不一样的。这也是二者在当时以至后代平行发展、互不妨碍的原因。话本到明代产生了质的飞跃，出现了长篇型巨著以及文人不依傍说话而独立创作的短篇小说集，它的影响和艺术价值实际上已超过了自己的母体——说话，成为一种更为高级的市民文学形态。小说的读者群也由文化水平不高的市民扩展到文人以及中上层的士大夫中间，而性质亦由市民文学向着全民文学的方向迈进。

宋代的话本小说现在留存下来的不多，大都收在明代人编刻的《清平山堂话本》里，另外短篇小说集"三言"中也有一些，其中尚掺有元人的作品，往往难以区分。元代的说话远不及戏曲发达，其话本写作也无大的发展，基本上承袭了宋代的传统，所以在通俗小说史上人们是把宋元作为一个整体来看待的。不同的是，宋代的小说话本比较发达，而元代的讲史话本比较发达，留传至今的元代讲史之作有包括《三国志平话》在内的《全相平话五种》，作为《水浒传》雏形的《大宋宣和遗事》等。

总的来看，宋元话本的水平都处在通俗小说的初级阶段，形式上它们有明显的说话技艺的痕迹，如表演形式的残留、粗陈梗概的写作方式等等，作品的审美倾向也主要集中在消遣娱乐和猎奇搜异方面。娱乐无疑是文学不可缺少的一项功能，从正统观念的所谓明道、教化中解脱出来，满足广大平民的好奇和娱乐需要，这是小说的一种进步，而且通俗小说后来也始终没有放弃此种特性。但是小说对于市民生活状态的关心和对人的生存价值的探寻以及对人性的剖示却显得相当不够，实际上未能占据创作的主流。写成于宋末元初的《醉翁谈录》一书在《小说开辟》栏中记录下了当时一百余种小说的名目，首列的是灵怪、烟粉两类，烟粉讲述鬼魂恋爱的故事，属怪异之列；另外还有神仙类、妖术类，共占全部作品名目的一半以上。现存的话本里头也可以看到《西湖三塔记》《洛阳三怪记》以及《西山一窟鬼》等讲述鬼怪作祟的故事，这些作品除了怪诞因素之外，实际上并无可取之内涵。对此郑振铎在《插图本中国文学史》第 39 章中指出，这些作品大量地存在，"未免有些无聊，且也很是可怪。也许这一类以'三怪'为中心人物的烟粉灵怪小说，是很受着当时一般听者们所欢迎，故说话人也彼此竞仿着写罢"。

除了题材方面的不足之外，从艺术性上来说，宋元话本真正注重的还是故事情节。也就是说，它们把情节的曲折离奇当作吸引读者的主要手段。除少数作品如《碾玉观音》等之外，作品对人物性格的塑造、主题意蕴的开掘，都没有倾注功力。此种情况与说话的特点是分不开的，说话是一种时间的艺术，它必须通过情节和悬念来抓住听众的注意力，不可能对人物性格做大段的刻画，这样情节自然就成为说话人从而也就是话本真正注力的中心所在了。情节属于小说诸要素之一，没有情节也就没有故事。事实上，话本在这方面的下力也的确使得古典小说在创作技巧上有了相当大的提高。但是，仅仅注重情节便使得小说基本上停留在娱乐的层次上，读者在猎奇之后，并没有得到更进一步的审美享受。此外，话本创作者的文学修养较低也是其艺术层次不高的重要原因之一。当时大多数文人作家对话本小说的创作都持鄙视的态度，根本不屑于染指，元代的下层文人又都把兴趣集中在戏曲方面，这样，话本的写作就只有那些水平不高的民间艺人来担当了。显然，在提高小说的审美层次方面，他们的创造能力是有限的。

进入明代以后，随着商业经济的扩大，市民势力的进一步扩张，通俗文化的不断高涨，一些观念比较先进的文人作家顺应时代潮流，开始介入通俗文学的创作，他们的加盟使得小说创作从内容到形式都发生了很大的变化，产生了较宋元更大的质的飞跃。由此，通俗小说终于彻底摆脱了附属于说话的地位，成长为独立的文学形式。一批名垂千秋的小说巨著诞生了，它们把通俗小说的创作推向了高潮。从不登大雅之堂的勾栏伎艺之附庸到蔚为大观、风靡天下，小说在明代实际上已取代了诗文的地位，成为当时审美文化的正宗和主潮。

**两部英雄谱**

明代小说的创作体现为一个由高到低、由远至近的演化过程。所谓由高到低，就是由崇高到平凡，具体地说，即由塑造英雄转向描写平民；

所谓由远至近，就是从遥远的古代转到眼前的当代，也即由转述历史变为描写现实，这个过程也就是市民小说逐步成熟壮大的过程。

《三国演义》可以称为明代小说的发端，它问世于元末明初，是中国第一部长篇章回体小说，同时，它也是一部古典式的英雄演义。这个发端使明代小说站到了一个崇高的起点上。可以看出，作者罗贯中是怀着满腔的激情创作这部小说的，他不仅要再现三国争雄的历史，给今人做个借鉴，更是要塑造一批心目中的英雄，表达高远的人生理想。从艺术上讲，以人物为中心，而非以历史事件为中心，正是《三国演义》超出于以往讲史话本的地方。自《三国演义》开始，通俗小说中的人物开始在人们心中占据了重要位置，这一点是此作文学上成功的关键。

然而《三国演义》所描写的英雄并不是下层平民，而是帝王将相，这就使得作品明显地带上了正统文化的色彩，与普通的市民拉开了距离。小说中，作者着意塑造的英雄当首推刘备。这是一个宽厚仁慈的君主形象，在他身上，"以人为本"的观念体现得十分突出。新野兵败时，面对后面逼来的曹兵，刘备宁愿和逃难的百姓相携同行，不忍抛弃民众。他声称："举大事者，必以人为本。今人归我，奈何弃之？"对人才，刘备也是赤诚相待。第一次遇到赵云，便"执手垂泪，不忍相离"。徐庶告退，刘备送了一程又一程，乃至令人尽伐眼前之木，"因阻吾望徐元直之目也"。这些都是作品中的传神之笔。然而作为一个封建政治家，刘备的真正目的绝不是为了解放劳苦大众，正如李贽在评《三国演义》时指出的："盖惟其多欲，故欲兼施仁义。"（《焚书》卷五）所以小说中必然会有一些刘备收买人心、故作姿态的地方，与上述描写形成抵牾。比如在徐州，吕布兵败来投，刘备捧出牌印，欲让徐州。又如汉江大败于曹军，刘备长叹着对众人说："君等何不弃备而投明主，以取功名乎？"这不免使人想起鲁迅的话："欲显刘备之长厚而似伪。"（《中国小说史略》第14篇）此当属作者为求至善而难以自圆的地方。

除了正统的儒家观念之外，刘备身上也有市俗化的江湖义气的一面，它明显体现在**桃园三结义**（012）上。刘备、关羽、张飞三人的关系，

012 桃园三结义 ( 清《绘图增像第一才子书》)

明为君臣，实为兄弟，所谓"不求同生，但愿同死"，这与一个帝王的身份显然是不相符的。为了替关羽报仇，刘备甚至破坏蜀吴联盟的国策，去攻打吴国，结果导致了国家的衰败。这显然有损正统帝王的风范。然而平民百姓却甚喜闻之，津津乐道，因为它是刘备身上唯一具有平民气质的地方。从此也可以看出，《三国演义》实际上带有相当的市民文化的因素，这种因素正是后来小说加以扩展的基础。

《三国演义》中最光彩照人的英雄形象莫过于关羽。在作者笔下，关羽是一个充满了神话魅力的人物。人们绝忘不了关羽正式亮相的情景，汜水关前，关羽以一马弓手挺身请战，当其时，袁术喝令乱棒打出，袁绍间出冷言嘲讽，唯曹操教与热酒一杯。关羽提刀出阵，只听得关外鼓声大振，"如天摧地塌，岳撼山崩，众皆失惊"，片时，"云长提华雄头，掷于地上。其酒尚温"。其实罗贯中写关羽之勇，只是一种陪衬，他真正要写的是关羽之义，此才是英雄的本色所在。《三国演义》中，英勇善战的猛将不乏其人，尤其值得一提的是吕布，人称"人中吕布，马中赤兔"。作者塑造吕布这一形象，似乎专与关羽做对比。吕布早先跟随丁原，拜为义父，一旦董卓诱以黄金、珠宝，赠以赤兔宝马，便幡然弑丁而归董，反拜董卓为父。其后王允施美人计，遣貂蝉离间二人，吕布再次杀死董卓而自利。前为财宝，后为女色，吕布竟二弑其父，可见是一见利忘义的小人。关羽也曾遇到和吕布相似的诱惑，身陷曹营期间，曹操对关羽也是大施恩惠，赠以金银，送以美女，奉为上宾，关羽毫不为动。为感其心，曹又惠之以赤兔马，关羽得之大喜，说这下可以日行千里，与兄长刘备见面了。果然，得到刘备消息后，关羽毅然辞曹，护送二嫂，过五关，斩六将，千里走单骑，追随刘备而去。当其义辞曹操，刀挑锦袍，凛凛英气，何其令人神往！连曹操也不得不慨叹："不忘故主，来去明白，真丈夫也！"作者写出了关羽高风亮节式的英雄本色，表达了他的审美理想。

关羽的英雄气节固然有儒家忠君的因素，但其主导与核心应属于江湖上的豪侠义气，也就是人们常说的相互扶助、知恩必报和有始有终。这是下层平民之间推崇的一种道德准则。关羽的一生是悲剧性的，为报知遇之恩，他在华容道义释曹操；为逞个人之能，他结怨东吴，最终被人暗算。关羽的失败是由他自己造成的，但是这个形象的价值就在于置成败于不顾，唯求恩怨分明，信义卓著。英雄的失败在某种程度上更增添了英雄的魅力。在处理这个人物时，罗贯中更多地迎合了平民的审美心理，所以在明代的小说世界里，关羽是市民阶级心目中的神。

在《三国演义》中还有一个带神奇色彩的人物——诸葛亮。诸葛亮与关羽不同，他是封建王朝的贤相，应该讲，这个人物与市民是不相干的。但是他同时又是一个料事如神的智者，他那超乎寻常的智慧还是赢得了广大读者的喜爱。实际上诸葛亮是个自相矛盾的人物，一方面他识见高远，知识广博，未出茅庐，就为刘备定下了鼎足三分、联吴抗曹的战略决策，后来果如其言；军事上他又是一个天才的指挥家，博望坡大捷，火烧新野，智取汉中，七擒孟获，可谓用兵如神。知人方面，孔明更是冠绝群英，巧激周瑜，草船借箭，让人知道了什么叫强强对抗；空城计，"死诸葛走生仲达"，让人知道了什么叫天外有天。不但如此，诸葛亮还通晓天文、地理，会制作木牛流马，堪称科技能手。在一部古典型小说里出现这么一位高度智慧化的人物，体现了作者难能可贵的对知识理性的推崇，这应属于近代的文化意识。

但是小说中的诸葛亮并不是单纯的智者，他还有另一面，那就是坚贞不二的忠臣。刘备三顾茅庐之后，诸葛亮就把自己的一生托付给了这位当世的仁义之主，他以刘备的意志为意志，以刘备的爱憎为爱憎。刘备为关羽报仇，大举伐吴，破坏吴蜀联盟，孔明明知不可，却依然从之；白帝城托孤，刘禅不堪重任，诸葛亮依旧应允。刘备死后，诸葛亮寝食不安，独木支天，知不可为而为之，直至心力交瘁，病死征途，这些都远远超出了一个智者的范围，和他本人超凡的智慧和理性形成尖锐的矛盾。

书中的诸葛亮就是这样一个自我矛盾的人物，他的智慧永远超越不了他的信仰，他的理性绝对不会突破封建意识的约束，此种矛盾和不协调构成了所谓中国古代贤相的典型性格。罗贯中塑造这样一个人物，客观上获得了两种效应，市民阶层欣赏他的智慧，而士大夫阶层推崇他的忠贞，一俗，一雅，一近代，一传统，各得其所。《三国演义》全书正好体现了这样两种文化的合一与碰撞。作为明代小说的起点，这是不可避免的一种文化现象。

如果说《三国演义》塑造的是古典的、帝王将相型的英雄，那么另一部与它几乎同时的长篇小说《水浒传》就塑造了另一类与之完全不同的平民英雄。三国英雄让人觉得高不可及，而《水浒传》中的英雄则大大地俗化了，他们身上处处体现出一种平民精神。从这个意义上说，《水浒传》向着更加纯粹的市民文学又大大地向前跨进了一步。

　　《水浒传》描写的是官府恶霸和平民英雄的对立，因而具有明显的叛逆特征。作品一开始就对这一主题做了生动揭示，无赖高俅得皇帝的宠信，上任伊始便迫害禁军教头王进，其子高衙内又公然调戏林冲的妻子，逼得林冲家破人亡。紧随其后，镇关西、蒋门神、毛太公、殷天锡等恶霸勾结官府，欺凌平民，草菅人命，法律纲常已成了官府为非作歹的工具和手段，以致很多正直、无辜的人被投入监狱，成为囚徒。正如李逵所说："条例、条例，若还依得，天下不乱了！"这正是社会动乱的根源和起因。与此同时，社会上还存在着一批侠肝义胆、敢于向恶势力挑战的英雄人物，梁山泊好汉就是他们的杰出代表。打虎豪杰武松常说："我从来只要打天下这等不明道德的人！我若路见不平，真乃拔刀相助，我便死了也不怕！"被迫出家的鲁智深说："杀人须见血，救人须救彻。""便有一二千军马来，洒家也不怕他！"拼命三郎石秀说："平生性直，路见不平，便要去舍命相护！"黑旋风**李逵**（013）性情最为暴烈，他认为当前的世道"便是活佛也忍不得"，"我只是前打后商量。"这样两种力量同处于一个时代，冲突和对立是不可避免的。

实际上，梁山泊好汉与一般打家劫舍、杀富济贫的绿林豪杰又有所不同，他们不但路见不平，拔刀相助，而且有一个共同的更高的理想追求，那就是"替天行道"。替天行道，说到底就是要以平民的意志来管理天下，改造天下。这个口号最早见于元代的水浒戏，康进之的《李逵负荆》中就有"替天行道救生民"一语（《酹江集》本作"替天行道宋公明"），而且山寨前面也已经竖起了这面杏黄旗。《水浒传》正是继承了这一传统，并加以光大，使之成为凝聚全体好汉的精神动力。由于梁山泊代表了被压迫的平民的意志，因而水浒英雄必然得到广大民众的拥护和支持。

013　李逵大闹忠义堂（明杨定见刻本《忠义水浒全传》）

　　然而，小说中还有一种和主旋律不和谐的声音，那就是"忠义"说。在表面上它似乎与替天行道相辅而行，实际上完全是两码事。忠义指的是忠于朝廷，忠于大宋皇帝，它与梁山英雄的初衷完全是相悖的，最后导致了招安，即对起义事业做了否定。如此一来，《水浒传》的主题又变得自我矛盾了。事实上这种矛盾直接影响了作品后半部的艺术质量，连这一主张的承担者宋江这个人物的性格也变得不可捉摸、难以把握了。看来作者心中有许多难言之隐，在文网逐渐严密起来的明代，为了能使这部倡言造反的小说公开流行，作者必须为它寻找一种冠冕堂皇的旗号。虽然忠义说对起义军有一种明显的嘲讽意味，但它却给小说涂抹上了一层保护色，使之不至于如此触人眼目，这也就是忠义和造反无论如何不能统一起来的主要原因。根据历史记载，宋江等三十六人的揭竿起义最终是被官方军队降服的。元初讲史话本《大宋宣和遗事》中也有这方面的交代，作者不愿违背这一历史事实，这是又一个原因。

　　不过，施耐庵同时也写出了梁山起义军内部

反招安、反忠义的强烈反应，而且给招安后的梁山队伍安排了极为悲惨的结局，这从客观上又否定了忠义说的正确性和可行性，从反面证明了权威文化与市民文化的严重对立，不可协调。《水浒传》一书的主题并未因忠义说的存在而发生逆转，它只是让我们看到了新生文化在发展过程中的艰难和曲折。

《水浒传》艺术上最大的成功在于让英雄带着人情味来到了民间。《三国演义》中的英雄是古典型的，他们只活动于重大的历史事件中，离平民化的生活实在是很远，其性格也呈现为单向化和类型化，使人敬而难以让人亲。水浒英雄则大不相同，他们多数来自下层，生活环境和普通的平民几乎一样，阮氏兄弟本是打鱼出身，张青、孙二娘夫妇是开小客店的，李逵、武松俱在人家手下当差，吴用是个村学先生，晁盖不过当了个乡里保正，宋江也不过是个县衙小吏。在英雄和平民之间，本来不存在鸿沟。过去一般将水浒英雄称为农民起义军，事实上梁山好汉的主要活动区域倒是在市井集镇，并不在荒野乡村，许多好汉上梁山前都有一段丰富生动的市井生活经历。

比如宋江和阎婆惜的交往，武松跟长兄武大郎及嫂嫂潘金莲的纠葛，鲁智深倒拔垂杨柳、拳打镇关西，杨志东京桥头卖刀并杀死泼皮牛二，石秀开卖肉作坊及诛杀裴如海等等。这些经历充满了浓郁的市井气味，人们可以从中咀嚼出丰富的世态人情味来。与三国中的英雄不同，水浒英雄都是有七情六欲的，均是活生生的血肉之躯，他们不是神，而是人间的好汉。作者施耐庵超越了以往历史小说那种扁平式、单向度的人物描写，塑造出一个个丰满、立体的人物形象，正如金圣叹所指出的："独有《水浒传》，只是看不厌。无非为他把一百八个人性格都写出来。"（《第五才子书施耐庵水浒传》卷三《读第五才子书法》）越是贴近生活真实，越是靠近市井习俗，人物性格就越丰富、越复杂、越独特。

如果说《三国演义》作者受到历史题材本身的约束，在性格的塑造上还不能充分放开的话，那么《水浒传》的作者却表现出了极大的自由，他采取了类似传记的形式，逐个地叙写

英雄好汉投奔梁山的过程，这样人物形象就得
到了集中的、专门的塑造和描写。作者在交代
情节的同时对人物的情态、语态重下笔墨，精
细刻画，人物的个性因此得以彰显。比如武松
醉打蒋门神一段，上来作者并不直叙拳打情
节，而是详细描写武松一路上饮酒的情事，他
跟施恩定下了"无三不过望"的规矩，遇一处
酒店，就要喝三碗酒。施恩担心武松醉酒误事，
武松却大笑说："你怕我醉了没本事，我却是没
酒没本事，带一分酒，便有一分本事，五分酒
五分本事，我若吃了十分酒，这气力不知从何
而来！"这貌似闲笔的描写活画出了打虎英雄
的一身豪气。即便是真打，小说也写得极有层
次，先是武松入店，敲桌大叫，然后是借尝酒
寻事，三则以问姓氏挑衅，最后终以唤蒋妾陪
酒，点起了恶斗之火。武松的胆量、智慧、豪
侠和拳艺，都在这一整段描写当中展现得淋漓
尽致。作者并不仅仅拘泥于交代一个情节，他
实在是在塑造一个活生生的人物，正如金圣叹
指出的："如以事而已矣，则施恩领却武松去打
蒋门神，一路吃了三十五六碗酒，只依宋子京

例，大书一行足矣，何为乎又烦耐庵撰此一篇也哉？"（《第五才子书施耐庵水浒传》二十八回总评）逼真而细致的刻画是《水浒传》塑造人物的一大特长。

《水浒传》还有一个突出的地方，即作者擅长在重大情节之外，横生枝节，于不关大走向的地方下笔做文章，这些游离于情节线索之外的笔墨尤其让人叫绝。比如鲁智深由五台山来东京大相国寺，按照情节的发展，他本应该在此遇见林冲，然后转入林冲逼上梁山的故事，该处只要交代他在菜园演武就足够了，而作者却偏要演绎出泼皮寻闹、鲁智深倒拔垂杨柳一段，让众泼皮说出："师父非是凡人，正是真罗汉！身体无千万斤气力，如何拔得起？"再比如宋江在江州初识李逵后，原来只须同去江边饮酒，遭逢浪里白条张顺即可，作者偏偏将主要情节搁置起来，着意去描写李逵向人借钱赌博，赌输了又赖账，在赌房与人打斗的事。粗一看去，与大情节全不相干，但细一琢磨，又无一笔不在刻画人物，把人物的个性、秉赋给写活了。凡是这些"闲笔"勾画之处，都是市井风俗百态的描写，它们好比是一笔两画、一喉双曲，既刻画了人物的个性特征，也勾勒出了都市集镇的风俗面貌。水浒英雄的人情味、平民气质都在这些描写当中充分体现出来了。

其实从深层的文化意义上说，《水浒传》的叛逆性质倒并不在啸居梁山、数败高俅，而是在作者对传统英雄观的颠覆，在他对平民精神、平民人格的讴歌。作者以梁山好汉为英豪就等于否定了帝王将相的统治地位，为市民树立了自己的权威形象。从这个意义上说，《水浒传》是市民阶层的英雄谱。

**《西游记》：平民的神话**

假如说《水浒传》以传奇形式写出了一批市井中的杰出英豪的话，那么在它之后，《西游记》就以神话的形式进一步歌颂了平民式的英雄。在明代中叶以后，神魔小说逐渐成为引人注目的一支，它代表了通俗文学中的一股浪漫潮流。明代的神魔小说并未把读者引向远离尘俗的天外世界，而是将神魔带入了人间，令神话人物一个个地都染上了市俗气。《西游记》本来是一个传统的宗教故事，讲述唐玄奘赴印度取经的历程，在流传当中，这个故事被逐步地神化，但玄奘依然是故事的中心。可到了作者吴承恩这里，却将其改成了一部孙悟空传，塑造了一位平民气味浓重的神话英雄形象。我们知道《水浒传》属于政治性的小说，"替天行道"也是一个政治口号，而《西游记》则超越了政治，把英雄的奋斗人生化、审美化了。孙悟空下幽冥，上天界，搅乱森罗，大闹天宫，并不是为了争夺政治权利，虽然他也说过"皇帝轮流做，明年到我家"，甚至树起过"齐天大圣"的旗帜，但那只是为了赌气，为了争取一种平等的身份地位罢了，孙悟空并未想过要管理国家，替民做主。其实他真正追求的是一种无拘无束的人生，是一种完全彻底的自由生活，这恰是市民个性解放要求的一种折射。

孙悟空也绝不是什么十全十美的道德英雄，

他的原则是快活逍遥。因为嘴馋，他偷吃了蟠桃；因为负气，偷饮了御酒；又因为醉酒，偷尝了仙丹。高兴了，在天上挂个闲职游戏其间；不高兴了，一个筋斗翻回花果山，依旧做他的水帘洞洞主。悟空老子天下第一，宣称"强者为尊该让我，英雄只此敢争先"。谁治他，就跟谁斗，即使输了也不服气，这些地方其实都是平民化人性的真诚袒露和展现，没有半点遮掩，也没有半点顾忌。藐视权威，追求自由，超越政治和道德，构成了早期孙悟空特有的审美品格。

　　但是如此的人生并非完满的人生，如此的英雄也非真正的英雄，人应该还有更加高远的追求，生命价值的实现也还有更加高级的形式。关于这一点，孙悟空是在经历了一段重大挫折，并且加入了取经队伍之后才认识到的。所以赴西天取经是悟空人生道路上的转折点。其实五千余卷佛经与孙悟空并无真正的关联，孙悟空也不是一个虔诚的佛教徒，但它毕竟是一项超出于个人价值之上的大事业，与单纯的追求自由解放不同。当孙悟空心甘情愿投身于这项事业中时，他的人格也就随之提升，变得伟大起来。过去悟空只知道快乐、潇洒，现在他懂得了什么叫责任、承诺和忠诚，并培养了坚忍不拔、忍辱负重和集体主义的精神。这并不是对过去人格的否定，而是在原有基础上的升华。假如我们把西天取经视为一种造福大众的事业，那么这段历程实际上意味着，小我只有融入大我，才能真正地自我实现。孙悟空前后经历的转折证明了这两种经历的相互依存性以及转化的必要性。而小说中主人公历尽坎坷，终成正果，以及被封为斗战胜佛，大概就是对英雄成长的一种神话式的隐喻吧。

一部《西游记》就是一段个人的自我奋斗史，就是人的解放和价值实现的追求史。故事是旧的，但故事中负载的却是一个崭新的主题。吴承恩以浪漫的形式对觉醒之后的个人做了一番深刻的探讨，他以乐观、自信、诙谐的态度对人的未来做了一次展望，小说充满了积极的人文主义的理想。《西游记》之所以成为中国古代最为流行的一部神话小说，大概就因为它包含了这样丰富的人生哲理吧。

**市情小说里的情和欲**

明代中叶以后，通俗小说的创作发生了重要转变，英雄人物隐退了，让位给普通的平民。古典式英雄也好，绿林好汉也好，神话斗士也好，毕竟都是英雄，他们是超于常人的，是崇高理想的化身。崇拜英雄，某种程度上也可以说是以崇高为美，以奇为美。然而明后期，这种倾向发生了变化，平凡的人物、日常的事件成了小说关注的中心，文学创作越来越和人们身边的事物发生关系。"二拍"的作者凌濛初曾经说过："今之人，但知耳目之外，牛鬼蛇神之为奇，而不知耳目之内，日用起居其为谲诡幻怪，非可以常理测者固多也。"（《拍案惊奇序》）奇的概念在小说家心里发生了变化，非凡的事物已不像以前那么引起人们的兴趣了，于是以平凡为美、以市情为美便成为后期小说突出的审美特征。在这个时期内，以描写家庭生活为主体的《金瓶梅》诞生了，它恰恰是从《水浒传》武松杀嫂一节衍生而来的，其转化的轨迹显而易见。与此同时，模仿宋元话本的白话短篇小说集、又称拟话本大量涌现，诸如"三言""二拍""西湖二集"、《型世言》《石点头》等等，琳琅满目，蔚为大观，将通俗小说的创作推向了高潮。小说创作的高度繁荣似乎证明，市情小说才是市民文学真正的主旋律，小说创作至此才算找到了自己的归宿。

前面我们已经谈到明代市民的生活习俗和审美风尚，作为文学艺术，小说当然要反映这种习俗和风尚。生活是原生态的，属于纯粹自然现象的呈露，小说则是观念态的，它除了逼真地再现生活之外，还表达了人们对生活的把握和观照。从这个意义上说，文学艺术又高于生活，且深刻于生活。在小说当中，我们能够看到人们的心灵，人们内在的精神状态，看到人们在生活沉浮中的种种复杂感受。总之一句话，小说比生活包含了更多的精神内容。明后期的市情小说集中关注的是普通市民的命运，它包括人在追求过程中的遭遇和得失，人与人之间发生的情感纠葛，以及追求、遭遇、情感纠葛所体现出来的赤裸、真实的人性。命运、人情和人性构成了市情小说的中心内容。我们在前面已指出，明代中后期的审美风尚是以华侈为美，其实华侈为美只是一种现象，乃呈现于生活外部的形式；明代的风尚、习俗，还有其内部的时代内容和人性根源，关于这一点，市情小说作了明确而深刻的揭示，这就是"情欲"二字。所有的市情小说都在围绕着情欲展开叙述，所有的小说人物都在情欲的驱使下构建自己的人生。情欲的驱动导致了各式不同或相同的命运，展现了多姿多彩、深浅不同、新旧不一的人情，造就了迥异于传统、不安于现状、健康与病态并存的人性。总之，市情小说将情欲当作烛照人生的一支火炬，它成为小说美学观点的一种表达。

英雄小说是以崇高为美的，崇高是一种超越的表现，主人公必须摒弃许多市俗、浅近的人欲要求，才能进入伟大、不凡的境界。关羽之拒绝高爵厚禄，梁山好汉之排斥女色，孙悟空之放弃自由逍遥，都说明了这一点。但是市情之美恰恰与之相反，它认同乃至推崇这种人的自然欲望，把浅近的、本能的、不用教授、无须修炼、人人皆有的本性当作了美。假如我们把元、明的审美风尚作一个排列，叛逆、崇高和情欲正好构成了通俗艺术的三级阶梯，它们一级比一级降低，也一级比一级更加俗化，从中可以看到市民阶级文化意识的发展与嬗变。

再进一步探究将会发现，"情欲"二字在作品里实际上又是二分的，所谓欲是指人的基于本能的欲望。在这个商品化的社会里，它集中体现为两种，即金钱欲和性欲。《初刻拍案惊奇》卷十五在论及人的贪财欲的时候说："单说世上人贪心起处，便是十万个金刚也降不住。""子列子有云：'不见人，徒见金'，盖谓当这点念头一发，精神命脉，多注在这一件事上，哪管你行得也行不得。"《喻世明言》卷一在论到人的性欲时则说："说起那四字（酒、色、财、气）中，总道不得那'色'字利害，眼是情媒，心为欲种，起手时牵肠挂肚，过后去，丧魄销魂。"这都是当时人对财欲和性欲的看法，它们上升为小说描写的中心，乃是对正统文化观、艺术观的一种大胆突破。然而，情况还没有这样简单，在欲之上还有一个情字与之相牵。所谓情并非脱俗之情，相反，它基于人的欲望和本能，是由欲望激发出来的人的精神因素。从这个意义上说，情与欲是联成一体的，没有欲，也就没有情。但情字又有别于欲，它乃是欲望的升华，是对本能要求的调整，更多地带有审美的因素，它属于人性当中更高级的东西。有时候它跟欲之间甚至还构成一定的冲突与对立。《警世通言》卷三十三在论到情与性的时候说："不会风流莫妄谈，单单情字费人参。若将情字能参透，唤作风流也不惭。"很多情况下，小说将爱情、友情置于人的欲望之上，对其进行规范，尽管这些规范里掺杂了说教的成分，尽管所谓情的具体内涵千差万别，新旧杂糅，它还是反映了作者的一种态度。

当然也有另一种情况，即某些作品欲的成分特别大，压倒甚至淹没了情的成分，这种情况下作品又表现为另一种风格，自然本能的放纵和对放纵的观照变成为小说的重点了。总之，情和欲不同的比重与组合构成了市情小说参差不一的美学风格与创作倾向，使得市情小说呈现出一种复杂的局面。

《醒世恒言》里叙述了这样一个小人物的故事，江南盛泽镇有个叫施复的，夫妻二人一张织机，以养蚕、织丝为活。由于小本经营，二人把钱字看得十分上紧，平时出卖绸匹，施复必自带准码，将银子亲自称过，发现轻些，必要对方再添一二分，才肯作罢。有一日售完绸匹返家途中，发现一个青布包，打开一看，竟是两锭银子，不觉喜出望外，于是便做起了发家之梦："有了这银子，再添上一张机，一月出得多少绸，有许多利息。""到来年再添上一张，一年又有多少利息。算到十年之外，便有千金之富，那时造什么房子，买多少田产。"就在快到家时，受自家处境的触发，他忽然想到了失落银两的人，"若是客商的，他抛妻弃子，宿水餐风，辛勤挣来之物，今失落了，好不烦恼"。"倘然是个小经纪，只有这些本钱，或是与我一般样苦挣过日，或卖了绸，或脱了丝，这两锭银乃是养命之根，不争失了，就如绝了咽喉之气，一家良善，没甚过活，互相埋怨，必致鬻身卖子。倘是个执性的，气恼不过，肮脏送了性命，也未可知。"这时，同情之心又占了上风。于是他返身回到捡银处，忍饥挨饿，等待失主。失主果然也是一位以蚕织为生的小业主，此银正是他谋生的本钱。施复将银归还失主，做了一件使自己心安的事。虽然与银子擦身而过，但施复日后也得到了回报。有一年桑叶奇缺，施家所饲之蚕眼看将饿死，为谋购桑叶，施复外出奔波，恰巧遇见当年丢失银子的青年，对方款待之余，还慷慨赠送了一船桑叶，解了施家的燃眉之急。两家后来结成儿女亲家，施复家业也从此发达，"冠于一镇"。

这个故事从表面看，是在宣扬拾金不昧的传统美德，实际上，它探讨了财富欲望与笃重情义的关系。发财是每个人都热切向往的，但如何获取，却有很大差别：损人利己虽然一时可能得到实惠，但长久来看，未必真对个人有利；而互相支持、互相帮助倒拓宽了人的活动范围和空间，反而有助于人的财富的递增。人既是欲望的动物，也是情感的动物，他需要在二者间求得一种健康的平衡，施复的所作所为不光营造了有利的经营环境，而且使自己处于一种心安理得、光明磊落的精神状态中，实际上美化了自己的生存行为，它对施复本人的意义是多重的。《施润泽滩阙遇友》这篇小说属于正面刻画的作品，它通过赞扬人情表达了作者的某种生活态度。

还有一类自反面描写的小说。主人公为了发财，不顾情义，甚至不择手段，造成了情与欲分裂的局面。《警世通言》讲了这样一个故事，有一个叫桂富五的人，为了发财，卖尽田产，改做生意。不料经营不善，本利俱耗，反欠了一大笔债，正在无计可施、打算投水自尽之际，遇到了少年时的同学施济。施慷慨解囊，馈赠数百金，解了桂一大厄难，继而又让出部分住宅供其居住。桂富五初始十分感激，发誓说："今生若不得补答，来生亦作犬马相报！"但不久，桂偶然于施宅地穴中发现了大笔银子，不免利欲攻心，独自吞占，不复顾念旧情。以后桂家暴富，门庭显赫，而施家则日渐凋零。施济去世后，孤儿寡母无可依靠，去找桂氏求助，反遭桂氏数番羞辱。桂氏以为财大气粗，可以为所欲为了，不料好景不长，竟受到了无赖之徒的诓骗，把财产尽数卷去。桂氏痛恨之余，感慨丛生，于是做了一梦，梦中返回施家，见到自己和妻子儿女皆化为施家的黑犬，醒来汗流浃背，自叹说："昔日我负施家，今日尤生负我，一般之理。只知责人，不知自责，天以此梦，儆醒我也！"于是痛改前非，急赴施家请罪，两家重归于好。

这篇小说有浓重的因果报应成分，削弱了反映现实的力度。但桂氏入梦一节却应该说是有心理根据的，它是人在特定情境下的一种情绪反应，情与欲失去平衡之后，人的内心必然会生出一种紧张和不安，这正是人性的表现。当人的财富欲望恶性膨胀时，人性已受到了损害，这种境况下，人不可能获得真正的幸福，他的精神是不健全的。市情小说在这里实际上对商品社会的某些现象进行了针砭，此针砭又不同于权威文化，它是站在市民立场上的一种善意劝告，是对生活的审美观照和反思。类似的作品还有《醒世恒言》中的《一文钱小隙造奇冤》，《初刻拍案惊奇》的《卫朝奉狠心盘贵产》和《丹客半黍九还》等等，它们或写争钱财酿成大祸，或写因损人终受惩罚，主题基本上是一致的，都从反面向人们发出了警告，不失为一种人性的袒露和反思。

假如说，金钱欲代表了人们对物质占有的需要的话，那么性欲就纯粹是人的生理本能的体现。在漫长的中国封建社会里，性欲一直被视为丑恶，受到来自正统文化的贬斥和压抑。明代中后期，市民阶层的自我意识开始觉醒，他们对男女隔离、禁锢的礼教统治深为不满，于是自觉不自觉地对其发起了挑战，而进步的文学家们也因此推波助澜，在小说中掀起了描写性爱的高潮。我们知道，人除了生理本能之外，还有情感需要的一面，本能欲望只有与情爱相结合，才能升华到人性的境界，也就是上升到审美的境界，男女间只有这样才能建立起健康的两性关系。从这个意义上说，性爱是检验人性健康与否的一块试金石。市情小说对这个领域作了生动而深刻的探索，让我们看到了市井社会里性爱生活的方方面面。

前面已经谈到，青楼妓馆是明代社会的一大文化景观，作为性消费的场所，它自然成为小说家关注的一个重点。其实在妓院中，两性关系也是各有不同的。《醒世恒言》中就讲述了一个卖油郎与妓女的爱情故事。卖油郎名叫秦重，每天挑着付油担子走街串巷，沿路叫卖，人们都叫他"秦卖油"。某日来到烟花巷，遇见一位娇美的女子，即被其深深吸引。经打听，得知为当地最有

名的妓女，叫美娘。美娘要价甚高，亲近一回，
必得十两银子，所以入门者皆为豪家子弟。秦重
不顾身卑家贫，发誓要亲近美娘。从此分分厘厘
积攒银子，聚之年把，才凑足数目，获得一次机
会。彼时恰逢美娘酒醉而归，神志不清。秦重不
但不恼，反而殷勤予以照料。小说中有一段传神
的细节描写，引之于下：

秦重看美娘时，面对里床，睡得正熟，把锦被压在
身下。秦重想："酒醉之人，必然怕冷。"又不敢惊醒他。
忽见阑干上又放着一床大红丝的棉被，轻轻的取下，盖
在美娘身上。把银灯挑得亮亮的，取了这壶热茶，脱鞋
上床，捱在美娘身边，左手抱着茶壶在怀，右手搭在美
娘身上，眼也不敢闭一闭……

却说美娘睡到半夜，醒将转来，自觉酒力不胜，胸
中似有满溢之状。爬起来，坐在被窝中，只管打干哕。
秦重慌忙也坐起来，知他要吐，放下茶壶，用手抚摩其
背。良久，美娘喉间忍不住了，说时迟，那时快，美娘
放开喉咙便吐。秦重怕污了被窝，把自己道袍的袖子张
开，罩在他嘴上，美娘不知所以，尽情一呕，呕毕，还
闭着眼，讨茶漱口。秦重下床，将道袍轻轻脱下，放在

地平之上。摸茶壶还是暖的，斟上一瓯香喷喷的浓茶，
递于美娘。美娘连吃了二碗，胸中虽然略觉豪燥，身子
兀自倦怠，仍旧倒下，向里睡去了。

平时，美娘所接均为衣冠子弟，这些人拿
钱买欢，宣泄性欲，根本不把美娘当作平等之
人对待，更谈不上怜香惜玉之心了。秦重的举
动让美娘体会到了爱的温暖。经过正反对比，
慎重考虑，她终于自己出资赎身，毅然嫁给了
卖油郎秦重。同是基于对美色的渴慕，衣冠子
弟只得其身，而秦重却既得其身，且得其心，
与美娘结为百年之好。看来，重要的并不在性
欲本身合理与否，而在于人们对待性欲的态度。
秦重取的是以情动人，所以赢得了对方的一片
真心，他的性爱态度是审美化的，能给读者以
美的享受。

如果说美娘的爱情经历是一个喜剧的话，那
么杜十娘的故事则是一个悲剧。同是妓女，十
娘的眼光并不次于美娘，她看中的宦家子弟李甲
是个"忠厚志诚"的人，两人情投意合，各无他
志。然而，李甲父亲是朝廷高官，家规甚严，李

甲又是个孝子，他若带着从良的妓女回家，必遭到父亲的斥拒，这又是他不愿面对的，所以美丽的爱情从一开始就潜伏着危机。商人孙富代表的是金钱和性欲结合的力量，孙不懂得爱情，也不尊重这种情感，为了夺人所爱，满足己欲，他对李甲双管齐下，一面大谈孝道之尊严，以威吓李甲；另一面又诱之以千金，企图以解困为条件换取李杜夫妻离分。李甲就是在这样双重夹攻之下被击垮的，他不仅辜负了杜十娘的一片赤诚，也失去了自己用巨大代价换来的幸福。这个人物既是悲剧的制造者，也是悲剧的承担者。李甲的背叛说明，性爱同时也是一种社会行为，它必将受到社会上各种条件的制约，没有良性的社会环境，健康的性爱就难以生存。

杜十娘这个人物尤其给人留下了深刻的印象。她是一个情感深沉、意志坚定的女子，杜十娘一生的追求，不过为了争取一个正常人的生活，只有获得这种生活，才可能拥有长久的爱情和幸福。从这个意义上说，她是把性爱和做人紧紧联系在一起的。但是十娘对这个社会估料得太简单了，她以为只要有钱就能排除一切阻碍。她积攒下上万的资财，藏在百宝箱内，希图以此换取下半生的幸福。孰料金钱不能救得她跳出火坑，她终被这道貌岸然、阴险虚伪的社会所吞没。小说的结尾，十娘于船头开箱现宝，怒斥孙、李，然后抱匣投江，这一段情节最为感人。百宝箱价值万金，一旦失去所爱，等同粪土；李甲虽为多情少年，但背叛初衷，转成仇敌。十娘投江本是为情而死，这种基于性爱的情感高于一切，在生命之上。《杜十娘怒沉百宝箱》的美学意义就在于，讴歌了超过金钱和生命的爱情，并通过这种讴歌净化了人们的灵魂。

市情小说将性爱关系的探讨也延及到了家庭当中。过去正统文化强调的是夫妻之间的道德关系、责任关系，却不愿承认夫妻也是性爱的结合，互相都有性的需要，市情小说大胆地揭示了这一点，并以此为视点，审视了家庭关系。《喻世明言》第一篇《蒋兴哥重会珍珠衫》撰写了一个夫妻破镜重圆的故事。商人蒋兴哥娶了容貌标致的王三巧为妻，新婚燕尔，男欢女爱，两人如胶似漆。可商人毕竟是商人，到底做生意要紧，于是蒋割舍夫妻之爱，南下经商，一去经年。王三巧青春年少，独守空房，甚感寂寞。此时一个叫陈商的人乘机插入，通过卖珠子的薛婆牵引，与三巧发生了性爱关系。王三巧本来对丈夫感情很深，但是长期分居两地，性要求无法满足，她控制不了自己，终于移情别恋，传统的贞节观念就此崩溃。这桩"第三者"插足事件被蒋兴哥得知后，又气又恼，当即与王三巧离了婚。按照过去礼教的观念，失节是罪不可恕的，但那时社会上的看法已经起了变化，开始承认性欲是人的一种合理要求。蒋兴哥在反省这段悲剧时也有所自责："当初夫妻何等恩爱，只为我贪着蝇头微利，撇她少年守寡，弄出这场丑来，如今悔之何及！"所以故事后来又发生了逆转，经过几番曲折，两人再次相逢，"也不行礼，也不讲话，紧紧的你我相抱，放声大哭"。已经破碎的婚姻终于再次复原了。

　　通过这一曲折的悲喜故事，小说表达了对待家庭的新看法，除了过日子之外，夫妻关系就是性爱、情爱以及承诺的结合。因为如此，蒋兴哥能够对王三巧有所谅解，也因为如此，蒋与王都觉得既然情分未断，破裂的婚姻也可以重圆。这种新兴的婚姻观要比封建礼教的一套伦理规范进步、明智，它是更加人性化的家庭伦理意识的体现。

以上所谈皆为市情小说以人情为美的种种形态，它们虽然悲喜不同、情境各异，且褒贬不一，但毕竟都表现了美，它们是一种平凡、市俗的美，普通、自然的美，固然不及英雄小说之崇高、超常，却仍然体现了理想的光彩，所以给人以感动，给人以光明，给人以美的享受。但市情小说并非尽皆如此，还有另一种类型，这些作品刻意描写人们对欲望的贪婪，描写原生态的自然本能，情感却隐而不现，它们写出了明代末期商品大潮中涌现出来的畸形、不健康的人性。作者的态度主要是暴露丑恶，以示惩戒，但同时也程度不等地对某种欲望持欣赏的态度，并以此迎合某些读者的趣味，于是这类作品的情况就比较复杂了。

《金瓶梅》是这类作品中最为典型的一部，它作为第一部以当代生活为题材的长篇小说（借鉴水浒人物只是其外壳），与《三国演义》《水浒传》《西游记》一起被视作明代的"四大奇书"。

其实《金瓶梅》与前三部小说有很大不同，其他三部小说都以描写英雄人物为主，而《金瓶梅》却塑造了一批浑浑噩噩的市井人物；前三部小说充溢着理想的光彩，歌颂、赞誉占据了主导方面，《金瓶梅》则没有一个正面人物，甚至没有一点亮色，暴露丑恶成为它唯一的内容。在刻画和展示丑恶方面，《金瓶梅》是第一流的。假如说在元散曲当中，以丑为美初次成为一种艺术倾向的话，那么到《金瓶梅》中，丑已经扩大为一个世界，而且与恶结合在了一起，这是一个极为特殊的审美现象。

然而，我们要看到，《金瓶梅》又与同时及以后的猥亵类小说，如《如意君传》《痴婆子传》《绣榻野史》《浪史》等不同，它并非单纯地宣淫，而是把描写人性作为自己的中心，实际上小说正是以塑造和表现病态的、邪恶的人性作为自己宗旨的，在这一点上，它的确可称得上登峰造极。

《金瓶梅》的核心人物是西门庆，他是个集财欲和性欲为一身的形象，两种欲望在他身上都达到了疯狂的程度。最初西门庆只是个浮浪子弟，在县衙门前开个小小的生药铺。为了聚敛钱财，他交通官吏，替人把揽说事，从中勒索金银，成为地方一霸。他先骗娶了富有的寡妇孟玉楼，获得银子"少说也有上千两"，接着又勾引好友花子虚的妻子李瓶儿，以为花打官司为名，刮走了三千两银子，把花家洗劫一空，花子虚因此活活气死。西门庆的手段毒辣无比，如宋惠莲所说："害死人，还看出殡的。"他深深知道，在官僚把持的社会里，要想发大财，就必须巴结大官。于是他又借祝寿为名，向蔡太师送去了厚重的财物，果然很快就得到了理刑副千户的官职。进一步，他重贿蔡太师的假子蔡状元，请客、献妓，无所不至。作为回报，对方让西门庆早掣取一个月的盐引，使西门庆一次就得了上万两银子的暴利。短短数年间，通过贪赃枉法，侵吞他人财产，西门庆一跃成为当地首富，财产暴增至十万两。恰如作品中所说的，"富贵必因奸巧得，功名全仗邓通成。"

　　其实，西门庆并不是一个守财奴，他能聚敛，也能挥霍，而花费最大的，还是在女人身上。西门庆有一妻五妾，全都穿金戴银，生活奢侈，但这远远不能满足西门庆的淫欲。他又以财物为诱饵，先后奸淫了家仆来旺的妻子宋惠莲，韩道国的老婆王六儿，贲四的老婆贲四嫂。只要进入他的生活圈里，他都要想方设法与其淫乐。这样还不够，又成天混在勾栏妓院中嫖娼宿妓，挥金掷银，决不吝惜。从某种程度上说，追求性满足才是他生活的真正目标，而聚敛财物仅是一种手段。西门庆对女人的渴求与蒋兴哥完全不同，纯粹是生理上的，不带有情感的因素。他注意的只是女人的身体，渴望的是对肉体的占有，他将对方当作自己的性奴隶，近似疯狂地发泄性欲。在行房事时，西门庆带有明显的性虐待倾向，见"**西门庆鞭罚潘金莲**"（014），他喜欢使劲地击打对方的身体，甚至要在对方身体的某些部位上烧香，让香火炙伤女人，以此取乐。有时他还要一边做动作，一边问对方"你怕我不怕"，将此当作制服女人的方式。在西门庆的性生活当中根本没有爱，没有美，只有宣泄和征服。西门庆一生奸淫过的女人近二十个，尚有看上了未来得及下手的。这种不间断的、歇斯底里的纵欲行为使得他的身体受到很大损害，为了保持旺盛的

014　西门庆鞭罚潘金莲（明《新刻绣像批评金瓶梅》）

精力，他服食胡僧药，使用各式各样的淫器，最后终于因此而一命呜呼。西门庆的人性被病态的欲望完全扭曲了，他的精神彻底被本能所淹没，人性已颓变为兽性，剩下的只是一付穿着衣冠的人的躯壳。

在《金瓶梅》众多的女性形象中，潘金莲占据着中心位置。潘金莲原是一个不幸的女人，9岁被卖到王招宣府里，后又转卖给张大户做使女，因张家夫妇不和，把她嫁给了相貌丑陋的武大郎。潘金莲出落得美丽妖娆，聪明伶俐，她对自己的遭遇和命运深为不满，曾经唱道："不是奴自己夸奖，他乌鸦怎配鸾凤对？奴真金子埋在土里，他是块高丽铜，怎与俺金色比？他本是块顽石，有甚福抱着我羊脂玉体？好似粪土上长出灵芝。奈何？随他怎样，倒底奴心不美！"但是，潘金莲对命运的反抗、对爱情的追求并没有朝健康的方向发展，而是变成了淫荡和报复，她成了一个道地的坏女人，一个毒辣无比的恶婆。她首先和西门庆私通，又怕事情败露，就用药毒死丈夫武大郎。嫁入西门庆家之后，她更是将那里当做了一个战场，为争风吃醋，她挑拨离

间，恶语中伤，无所不用其极。自己房里的丫头
秋菊是她煞气解恨的对象，她经常将秋菊的衣服
剥光，"雨点般鞭子抢起来"，打得秋菊"杀猪也
似叫"，还嫌不解恨，"又把脸和腮颊用尖指甲掐
的稀烂"，于泄恨的同时，她也向别的女人示威。
李瓶儿生了个儿子，受到西门庆的宠幸，这也引
起潘金莲的忌恨，于是成天在屋里训练那只白狮
子猫，用红绢裹肉，令其扑咬。结果，狮子猫扑
向了李瓶儿的孩子官哥儿，将其吓死，李瓶儿也
因此一气而亡。

　　潘金莲的狠毒和她的淫荡是紧紧纠缠在一起
的，她的淫欲越强就越生出狠毒之心，而狠毒又
反过来刺激她的淫欲。她和西门庆是旗鼓相当的
一对，他们互以宣泄本能为满足，彼此并无真正
的情感可言。西门庆在占有潘金莲的同时又跟众
多女人发生关系，而潘金莲则背着西门庆和家里
的小厮私通，后来又勾搭上了西门庆的女婿陈经
济。西门庆刚死，她就和陈经济公然同居，打得
火热，早把西门庆抛于脑后。在潘金莲眼里，人
都是恶的，没有爱和真诚可言，只有强和弱之
分。所以在这个世界里，谁狠，谁毒，谁就占上

风，就得好处。潘的人性与西门庆一样，完全被扭曲了，她已不是中国传统意义上的妇女形象，而是腐朽的封建制度和新兴的商业化社会共同培育出来的一朵恶之花。

市情小说是一个美丑掺杂的世界，它映射出这个时代里平民社会所发生的一切，其真实和生动的程度为其他艺术所难以比拟。当封建社会走向腐朽、新的社会因素成长起来之时，通俗小说显得特别活跃和繁荣，人们在这种色彩斑驳、美丑杂糅、情欲并存的世界中感受着、探索着、前进着，同时也为自己创造着新的文明。

# 2

## 『情存理亡』
### 在冲突和较量中掘进的舞台艺术

与小说同时辉映于明代艺坛的是戏曲。自从元代开创了中国第一个戏曲新纪元之后，戏曲就成为民族特征最鲜明的一种艺术，它高度综合性的特质几乎包摄了中华民族所有的艺术门类，故而也就成为观赏性最强的一门艺术。进入明代后，戏曲在元代的基础上继续向前发展，艺术形式不断地得到提高和完善，自身的审美特质也更为突出。另一方面，她的创作者和欣赏者也在进一步扩大，上自宫廷贵族，中及文人士子，下至乡野村民，都对之发生了极大兴趣，原来仅活跃于都市勾栏中的市民艺术走向了更加广阔的空间，其性质也随之发生变化。

由于社会进程的加速，明代的戏曲不知不觉地变为了各种文化争夺的一个阵地和焦点，各个阶层都想借助戏曲表达他们的审美观点、艺术情趣。我们通过明代戏曲创作和演出的历史，可以清楚地看到当时新旧文化在这里的较量以及彼此消长的轨迹。

说到演出的形式，明朝戏曲可谓多种多样，最热闹的莫过于节日期间各地市镇的露天演出。人们在中心街道或者寺庙前面搭起戏台，请远近有名的戏班子来连台演戏，一时观者人山人海，路被堵得水泄不通。张岱在《陶庵梦忆》卷五中曾描写过多处集市的观戏情状，其中苏州虎丘八月半的集会尤为壮观，"皆铺毡席地坐，登高望之，如雁落平沙，霞铺江上。天暝月上，鼓吹百十处，大吹大擂，十番铙钹，渔阳掺挝，动地翻天，雷轰鼎沸，呼叫不闻"。前来看戏的人各阶层皆有，"土著流寓，士夫眷属，女乐声伎，曲中名妓戏婆，民间少妇好女，崽子娈童及游冶恶少，清客帮闲，傒僮走空之辈，无不鳞集"。此种露天演出是观赏面最广的一种方式，鲜明地体现了戏曲雅俗共赏的特性。

还有一种形式是家庭型的，演出地点设在私人的厅堂庭院之中，谓之堂会。据顾起元《客座赘语》卷九记载："万历以前，公侯与缙绅及富家凡有燕（宴）会、小集，多用散乐，或三四人，或多人，唱大套北曲；若大席，则用教坊打院本，乃北曲四大套者。"与前面那种大庭广众式的露天演出相比，堂会方式要高雅得多，它的观众面也要狭窄得多，只有官僚和富绅才得享受。《金瓶梅》第六十三回中描写了西门庆家办丧事，请戏班子来做堂会的情景，这里不妨引一段为证："晚夕，亲朋伙计来伴宿，叫了一起海盐子弟搬演戏文……点起十数枝高擎大烛来，厅上垂下帘。堂客（女宾）便在灵前围着围屏，放桌席，往外观戏。

当时众人祭奠毕，西门庆与经济回毕礼，安席上坐。下边戏子打动锣鼓，扮演的是'韦皋、玉箫女两世姻缘'《玉环记》。"西门庆是个暴发户，文化水平低，他想观戏，都是现请戏班子。还有一些大户人家或文人士大夫爱戏成瘾，有的自己就是剧作家，他们为了看戏的方便，家里就蓄养着戏班子，如太仓的王锡爵、松江的何良俊、吴江的沈璟、山阴的张岱、南京的阮大铖等，可见这种艺术在上层人士中受欢迎的程度。其实明代帝王对戏曲亦同样怀有兴趣，开国皇帝朱元璋就特别喜欢南曲，尤爱《琵琶记》，曾"日令优人进演"（徐渭《南词叙录》）。他还赠给分封各地的亲王每人一千多种剧本及唱本（李开先《闲居集·张小山小令后序》），让他们自己组织剧班扮演。至神宗时期，皇宫中也有了专职的戏曲班子，"不复属钟鼓司，颇采外间风闻，以供科诨"（刘若愚《明宫史》）。由此可见，明代戏曲作为一种普及面极广的舞台艺术，受到了当时所有阶层的喜爱和关注。

### 深邃凄唳的昆山腔

入明后，北方的杂剧已度过了自己的鼎盛期，处于全面衰落的态势，而南戏则方兴未艾，逐渐扩展成一个全国性的大剧种，当时人称做"传奇"，逐步取代了杂剧的地位。曲论家吕天成指出："金、元创名杂剧，国初演作传奇。杂剧北音，传奇南调。杂剧折惟四，唱止一人；传奇折数多，唱必匀派。杂剧但撼一事颠末，其境促；传奇备述一人始终，其味长。无杂剧则孰开传奇之门？非传奇则未畅杂剧之趣也。传奇既盛，杂剧寝衰。"（《曲品》卷上）他对南北两剧的交替及其成因做了大体的描述，前引顾起元的话也证实了这一点。

我们知道，中国的戏剧是以唱为主的，乐曲和演唱在剧中占有举足轻重的地位，因此，在传奇剧壮大的过程中，唱腔的变化亦必然成为一个重要的方面。元代部分中，我们已谈及南戏吸收北杂剧的曲调，形成南北合套的情况。入明以后，在前代成就的基础上，传奇乐曲适应着各地观众的需要，终于又演化出了流行一时的四大声腔，即浙江的海盐腔、余姚腔，江西的弋阳腔和江苏的昆山腔。这四种声腔都是在融合当地语音、语调以及该地民间音乐的过程中形成的，具有深厚的民众基础。大戏剧家汤显祖在论及此四种声腔的时候说："南则昆山，之次为海盐，吴浙音也，其体局静好，以拍为之节，江以西则弋阳，其节以鼓，其调喧。"(《宜黄县戏神清源师庙记》)此四种声腔相比，吴浙一带的三种唱腔温丽柔婉，偏于阴柔之美，江西的弋阳腔声调高亢豪放，伴奏热烈，颇富阳刚之美。江西又曾是北杂剧流行的地区，弋阳腔的阳刚风格当也受到北方音乐的影响。

这些声腔在开始时民间特色都是很突出的，弋阳腔"向无曲谱，只沿土俗，以一人唱而众和之"(李调元《剧话》)。它还创造了"滚调"这一手法，俗称"流水板"，即用白话式的韵文在曲辞中加滚，以快速的节奏唱出。这种方式特别受到下层听众的欢迎。早期的昆山腔也是民间气息浓重的，徐渭在谈到昆腔的时候说："今昆山以笛、管、笙、琵按节而唱南曲者，字虽不应，颇相谐和，殊为可听，亦吴俗敏妙之事。或者非之，以为妄作，请问《点绛唇》《新

水令》是何圣人著作？"（《南词叙录》）正因为
传奇各大声腔扎根于民间艺术的土壤之中，适
应了下层民众的欣赏趣味，所以传奇剧的规模
才会不断扩大。

然而，我们也应该看到，传奇这种戏曲同时
也是深受文人士大夫喜爱的，特别是到了明代
中叶以后，文人涉猎传奇创作的越来越多。"名
人才子，踵《琵琶》《拜月》之武，竞以传奇鸣，
曲海词山，于今为烈。"（沈宠绥《度曲须知》上
卷）在这种情况下，文人作家和文人层次的观众
势必要以自己的审美标准、艺术趣味对唱腔提出
进一步雅化的要求。果然，嘉靖、隆庆年间出了
一个叫魏良辅的人，适应形势的需要，对昆山腔
进行了重大变革，从而带来了戏曲音乐及其唱法
的又一次创新。

四大声腔中，本来昆山腔就是较为接近文
人趣味的，徐渭曾指出："惟昆山腔只行于吴
中，流丽悠远，出乎三腔之上，听之最足荡
人。"（《南词叙录》）魏良辅"愤南曲之讹陋"，
在充分发扬其原有特色的基础上，又进一步对
曲调和演唱方式进行了改动，"尽洗乖声，别开

堂奥，调用水磨，拍捱冷板"，"启口轻圆，收音纯细"（沈宠绥《度曲须知》上卷），将昆山腔的音乐及其演唱提高到了一个崭新的水平。变革后的昆山腔清柔婉折，圆活流动，深邈凄唳，声情并茂，创造出一种符合文人欣赏情趣的独特的艺术境界。袁宏道曾在苏州虎丘听唱昆曲，他形容道："比至夜深，月影横斜，荇藻凌乱，则箫板亦不复用。一夫登场，四座屏息，音若细发，响彻云际。每度一字，几尽一刻，飞鸟为之徘徊，壮士听而下泪矣。"（《袁中郎全集》卷二《虎丘》）袁宏道的描写让我们了解，昆山腔不仅乐曲和谐婉折，且演唱时的发音尤为超绝，能够表达极为微妙深幽的情愫，无怪乎明代后期昆山腔一枝独秀，超出了其他声腔，风靡全国。

通过追溯传奇唱腔的变化，可以得出这样的结论，明代的戏曲既非纯粹的通俗艺术，也非完全的高雅艺术，而是一种雅俗交错、彼此兼容的混合型艺术，两种审美文化都在对其发生影响，事实上，它已成为市民文化和文人士大夫文化互相沟通和渗透的桥梁与渠道。

**传奇和杂剧的历史变革**

当谈及明代戏曲的雅俗共容时，不应该忘记，还有第三种文化的存在，它就是权威文化。权威文化对戏曲的介入在元代还未曾有过，而到明代，已赫然成为一种触目的现象，首先是法律形式的干预。明初制定的《大明律》特别规定："凡乐人搬做杂剧戏文，不许妆扮帝王后妃，忠臣节烈，先圣先贤神像，违者杖一百。官民之家容扮者与同罪。其神仙道扮及义夫节妇、孝子顺孙、劝人为善者，不在禁限。"明统治者已看到戏曲广泛的民众基础，所以并未全部禁煞，而是采取有抑有扬的态度，遏制对其权威地位有"威胁"的剧作，而鼓励那些宣扬正统道德观念的作品，这依然是对艺术创造的粗暴干涉。前面提到明太祖朱元璋喜好南曲，尤赏《琵琶记》，他并非是站在艺术欣赏的角度，而是将其视为封建礼教宣传的好教材，朱元璋说过："五经、四书，在民间譬诸五谷，不可无；此传乃珍馐之属，俎豆之间亦不可少也。"（见徐复祚《曲论》）或许此也算是一种"温柔"的倡导吧。据说朱元璋为了将该剧树为样板，"日令优人进演，寻患其不可入弦索，命教坊奉銮史忠计之，色长刘杲者，遂撰腔以献，南曲北调，可于筝琶被之"（徐渭《南词叙录》），用心可谓良苦。

受到朱元璋的影响，帝王家族中竟然也出了几位戏曲作家，专以创作杂剧见长，并汇集了一批御用文人，为之推波助澜，形成了明初剧坛上的一股贵族派潮流。他们的突出代表是宁献王朱权和周宪王朱有燉。朱权著有杂剧十二种，其侄朱有燉更多，写有三十余种，一时传演颇广。李梦阳在诗中形容说："中山孺子倚新妆，赵女燕姬总擅场。齐唱宪王新乐府，金梁桥外月如霜。"（《汴中元宵》）这又超出了倡导的范围，直接进入创作了。

权威文化介入戏曲创作，实际上也有自己的审美标准，那就是以理为美，以正统道德为美。贵族派的作品每每把恪守忠孝节义等封建伦理当作美来颂扬，剧中人物往往都是理念的化身，理在作品中变成了异化于人、又统帅于人的东西。比如朱权的《继母大贤》，写了两个异母兄弟，弟弟无故打死人，哥哥出于孝悌，自愿替弟顶罪，继母又到官府大堂坚持为哥哥辩白，力争自己的亲生子、即老二应当受刑，结果官府受到感动，赦弟之罪，又封其母。在今天看来，这是一种很荒唐的逻辑。朱有燉的《薛苞认母》也属此类。又如朱权的《香囊怨》，写妓女刘盼春与周恭的爱情，刘氏受鸨母所逼，不愿接纳盐商陆源，自缢而死，死前唱道："向人间拼舍了情郎分，到身后标题个烈女魂。"把当烈女作为自己的最高追求，这也是一个理念的化身。朱有燉还写有两个水浒戏，和元杂剧的水浒之作判若两途。《黑旋风仗义疏财》中的李逵盼望招安，自称要"改过从新，到山寨劝大哥，情愿首做良民"（据《酹江集》本）；而《豹子和尚自还俗》里的鲁智深决意下山为僧，并痛骂梁山起义军："你将这柳盗跖的门风自忖量、参详，是什么好勾当！似你这做贼的有一日拿住赃，大沉枷膊项上揸，粗麻绳脊背后绑，哪些个男儿当自强！"这哪里还是黑旋风和花和尚，他们成了作家鼓吹正统理念的扩音机、扬声筒。无论作者的手段多么高明，构思多么巧妙，曲调如何动听，以理为美本身就是与人性相抵触的，所以剧中的人物只能是人格扭曲的形象。

此种风气也传染到了传奇创作中，明前期以传奇宣扬礼教成为一种时髦，《五伦全备记》和《香囊记》就是这样的作品，前者声称："若于伦理不关紧，纵是新奇不足传。"后者则"以儒门手脚为之"（王骥德《曲律》卷二），引经据典，造成一种理念加骈俪的风气，"陈腐臭烂，令人呕秽"（徐复祚《三家村老委谈》）。戏曲抒情的特质因而受到了严重损害。徐渭曾经惊呼："南戏之厄，莫甚于今！"（《南词叙录》）可以说，明前期戏曲创作的主流实际上被控制在权威文化手中，舞台艺术的高潮迟迟未能到来。

明中叶以后，随着社会形势的变化，转机逐渐出现，实现戏剧界这场转变的正是文人作家。当时的文人对理学占领剧坛的状况非常不满，于是不约而同地推出了另外一种创作观念，这就是以情为美。所谓以情为美，就是把抒发情感、表现人性、传达文人的审美情趣作为戏曲创作的宗旨，力图将戏曲从理念的束缚当中解放出来，重新回到生活，回到人本身。这在明代戏曲史上是一次意义重大的变革，简直称得上是一次革命。有明一代戏曲的繁荣实际上正是从此时开始的。文人作家的以情为美，又可分为两个层次：一是献身政治、变革社会之情；另一是追求性爱、实现自我之情。前者表现了文人传统的角色意识和历史使命感，后者则表现了知识分子的时代观念和自我觉醒。这两种以情为美都为明代戏曲注入了新的生气。

历史剧在这场变革中担当了先锋的角色，首开风气之先。这一时期的历史剧依然打着忠奸斗争的旗号，但它们仅仅是打着旗号而已，其真正目的，并不在于对观众进行传统教育，宣扬封建的正统观念，而在于发泄对现实政治的强烈不满和愤怒，在于抒发作者心中的郁闷和块垒。也就是说，戏剧冲突只是手段，是为抒情服务的。这一类作品与其称为情节剧，不如称为抒情剧；与其称为历史剧，不如称为现代剧。李开先的《宝剑记》就是一个典型。此剧取材于《水浒传》中的林冲故事，作者对其作了很多改动。林冲本来是行武出身，作品将其改为"幼读经史","习读诗书",成了一个文人化的儒将。林冲遭厄,本由高衙内调戏其妻而起,剧中却改成林冲主动上疏弹劾高俅,遭致高俅陷害。剧中林冲所持的那一柄宝剑尤其令人注目,林冲每以宝剑自比:"豪放,匣中宝剑无尘障,知何日诛奸党。自奖,虽不能拜将封侯,也当烈烈轰轰做一场。"由于受到连续的陷害和打击,他建功立业的愿望化成了泡影,在无路可走的情况下,只得投奔梁山。路途中林冲有两段唱辞,历来为人们所激赏:

> 按龙泉血泪洒征袍,恨天涯一身流落。专心投水浒,回首望天朝,急走忙逃,顾不得忠和孝。

> 良夜迢迢,投宿休将门户敲。遥瞻残月,暗度重关,急步荒郊。身轻不惮路迢遥,心忙只恐人惊觉。魄散魂消,魄散魂消,红尘误了武陵年少。

李开先作为一个富有正义感的士大夫,把自己的政治经历和挫折投射到林冲身上,借剧中人物之口倾吐了胸中的不平和感慨。这里面有愤怒,有忠烈,有苍凉,也有凄惶,"叹英雄眼底消磨,谁念我,空教人洒泪成河"!

此剧故事情节虽"本不足信"(《曲海总目提要》)，在关系处理上也存在不妥之处，但剧中的情感却是真实而激烈的，有一种震撼人心的力量，一种动人的美，观者会不知不觉地与之发生共鸣。

还有一部传奇值得注意，这就是梁辰鱼的昆腔剧本《浣纱记》。我们知道，改革后的昆山腔更加符合文人的审美情趣，而《浣纱记》作为第一部新的昆腔剧本，把兴邦复国和个人爱情结合起来，开创了文人传奇又一个重要传统。该戏敷演的是范蠡和西施的故事。剧本把范蠡和西施处理成一对恋人，他们为了越国的复兴，为了报家国之仇，牺牲个人爱情，承受情感的痛苦，演出了一段悲欢离合的传奇经历。作者没有观念化地处理这个剧本，而是将主人公放在两种情感的矛盾冲突之中，着意表现他们在情感面前的取舍和选择、磨难和分离，因而更突出了情爱之可贵。戏一开场，范蠡和西施在一条溪边相识，西施赠给了范蠡一束浣纱，作为爱情的凭证。以后，西施入吴，范蠡又将浣纱一分为二，两人各持一缕，带在身边。这束浣纱贯穿全剧之始终，故名之为《浣纱记》。西施是一个民家女子，感情单纯真挚，她深知"君王重托，须黾勉"，同是又对范蠡情重恩深，相思刻骨。作者将"西施捧心"的传说也附在了剧情中，设计成主人公过多地承受情感折磨而患了心疾："为什么心儿常病疚，恨相见后更添消瘦，叹漂流，总梦到家山，怕渡溪头。"剧中的西施不是观念的化身，她是有血有肉的真实的形象。范蠡亦复如此，一方面作为股肱之臣，心存大志，"萦心曲，要修明政治，誓图恢复"，另一方面，与爱人分离的痛苦一刻也不离心头：

> 为邦家轻别离，为邦家轻别离，为国王撇夫妻，割恩分爱送与谁？负娘行心痛悲，望姑苏泪沾臆，望姑苏泪沾臆。

范蠡匡扶越王，竭忠尽智，本出于使命意识和正义感，一旦国仇得报，社稷恢复，范蠡就心怀坦荡地谢弃功名，远离爵禄，与西施泛舟五湖，携手天涯，去了却他个人的心愿了。这出戏有昆曲清丽悠扬、悦耳动听的声腔，加上曲折多情的故事，难怪当时人要"争唱梁郎雪艳词"了（见朱彝尊《静志居诗话》）。

当传奇领域勃兴之时，杂剧创作也出现了生机。原初宫廷贵族垄断杂剧创作的局面已被文人打破，一度沉闷的气氛开始有所回升。杂剧作为北方的剧种，本来就具有豪放激越的风格传统，如今到了明代文人手中，为适应发泄郁愤的需要，更加突出了它的抒情功能，淡化了原有的情节性，在逐渐走向案头化的同时，保持了它酣畅淋漓、慷慨痛快的特点。这一时期最突出的作品有王九思的《曲江春》、徐渭的《**狂鼓史**》（015）和沈自徵的《渔阳三弄》。王作以安史之乱为背景，借杜甫游春为题抒发了强烈的怨怒，他笔下的杜甫与其说是古人，不如说是作者自己。剧中的杜甫忿忿不平地责问苍天："我这里从容问苍穹，为着那平地里风波损了英雄，三三两两厮搬弄！管什么皂白青红？把一个商伯夷生扭做虞四凶。兀的不笑杀了懵懂，怨杀了天公！"从此剧起，狂怪成为杂剧当中一种特有的审美风格，表现了文人文化心态的新变。

015　徐渭《狂鼓史》(明·沈泰编《盛明杂剧》)

沈自徵的《渔阳三弄》由《霸亭秋》《簪花髻》《鞭歌妓》三个短剧构成。三作一哭、一骂、一笑，"有三种别样风味"，实际上是假古人为题，尽情发泄作者的失意与不满，人称"点点是英雄之泪，曲至此，妙入神矣"（祁彪佳《远山堂剧品》）。最为惊心动魄的是"词场飞将"徐渭的作品，他的《狂鼓史》，写祢衡应阴司判官之请，重拘曹操的亡魂，再演当年击鼓骂曹一幕。作者以千古奇快的语辞和犀如锋刃的笔调尽情鞭挞了社会上的权佞奸邪之徒，请看：

> 他那里开筵下榻，教俺操槌按板把鼓来挝，正好俺借槌来打落，又合着鸣鼓攻他。俺这骂一句句锋铓飞剑戟，俺这鼓一声声霹雳卷风沙。曹操，这皮是你身儿上躯壳，这槌是你肘儿下肋巴，这钉孔儿是你心窝里毛窍，这板杖儿是你嘴儿上撩牙。两头蒙总打得你泼皮穿，一时间也酹不尽你亏心大。且从头数起，洗耳听咱。

如果说传奇剧以正面的形式抒发了文人的种种慷慨之情，那么杂剧就以夸张、狂放的形式发泄了文人的不平之气，二者虽然在风格、气度上有所不同，然而以抒情为宗的创作态度则是完全一致的，惟其有真情在作品中流动，这个时期的戏曲才可能形成一股力量，冲破理念统治的剧坛，开创出一片崭新的天地。

历史剧既然是对现实的影射，那么，总有一天它会向现代题材转化。果然，嘉靖末年第一部时事剧应运而生了，它就是《鸣凤记》。该剧描写的是当时一批正直之臣反对权奸严嵩的斗争。作品写成于嘉靖四十四年，恰为严嵩父子毁败前夕，可以想见作者需要多么大的勇气。据说该剧为文坛领袖王世贞所作。实际上，前期有一些历史剧已经在影射严嵩一事，如李开先的《宝剑记》，《曲海总目提要》谓其"特以诋严嵩父子耳"。徐渭的《狂鼓史》也因此而发（《曲海总目提要》），历史剧与时事剧在这方面是相通的。不同之处仅在于时事剧情节更逼真，时代气息更强烈，更容易引起观众的共鸣。该剧刻画了严嵩勾结宦官，迫害忠良，屈膝待敌，蹂躏百姓的凶残面貌，更塑造了十位前仆后继，不畏淫威，与严氏进行殊死斗争的正义官员。在他们当中，杨继盛是一个最突出的形象。他因弹劾严党，被施以酷刑，挒折手指，远贬南疆。然而一旦被召还朝，又连夜修书，拼死劾奸，他在唱辞中说道："六尺微躯，一腔忠义，肯使行亏名缺？为国捐生，何虑粉蔺骸骨！"面对严嵩的凶险残暴，其他谏臣的惨死，杨继盛非但没有退却，反而挺身而出，以死相抗。法场被斩之前，他从容唱道："我浩然还太虚，丹心照千古。平生未了事，留与后人补。"其中"灯前修本""夫妇死节"两折戏尤为杰出，在舞台上常演不衰，令人观后激愤不已，"有手刃贼嵩之意"（吕天成《曲品》卷下）。

时事剧不但拥有比历史剧更为强烈的审美效果，而且直接介入了现实生活，成为文人干预社会、表达意志的一种方式。明末清初，大量时事剧即承此而兴，人们的政治热情如火山爆发般喷涌出来，向虚伪、残酷的封建统治和权威文化发起了连番进攻，这种情况从一个侧面反映了文人自我意识的觉醒。与此同时，文人文化与市俗文化也实现了进一步的交融。

## 浪漫热烈的临川派

万历以后，整个社会的文化空气发生了根本性转变，反对正统礼教、反对权威文化的呼声汇成大潮，新旧势力的对比出现了重大转换，文坛上因此涌出了一股更加强大的浪漫主义潮流，戏剧界以情为美的主题也由前期的政治情感转向了对个人爱情和幸福的追求。实际上，政治热情跟士大夫的传统角色观念仍然保持着某种联系，它与权威文化的决裂是不彻底的，在某种程度上可以看作是情和理的共存和相容。而当人们站在人性的立场上，摆脱了一切人为规范的约束，向社会要求自身解放，要求个人的自由与发展的时候，以情为美的深层内蕴才得以真正实现，新旧文化的本质也才被彻底揭示出来。

前面已经指出，戏剧是多重文化的交汇，它的内涵较小说要来得丰富和复杂。如果说，以理为美代表了权威文化的审美态度，政治热情代表了文人士大夫的艺术立场，那么，对爱情自由的追求则体现了文人文化与市民文化的结合。这一点可以从题材上看出来，明后期作品的取材大都离开了正统史书，转向于小说和戏曲，内容也趋向于通俗化，如吴江派领袖沈璟的《红蕖记》《埋剑记》《坠钗记》等取材于唐宋小说，《义侠记》取材于《水浒传》，《双鱼记》《桃符记》等取材于元杂剧。临川派领袖汤显祖的"玉茗堂四梦"，有三部取之于唐传奇，而最著名的《牡丹亭》则本之于明话本小说。随着题材的转换，作品中的人物也由原来的士大夫官僚改成了商人、僧道、落魄秀才、绿林好汉及闺中小姐等中下层人物，政治色彩被大大冲淡，平民气息明显增强。在语言风格方面，反对骈俪、反对学究、提倡通俗本色成为新的风气。徐渭在《南词叙录》中指出："歌之使奴、童、妇、女皆喻，乃为得体，经、子之谈，以之为诗且不可，况此等耶？"其后，沈璟以剧坛领袖的身份，也大力倡导"本色说"："作剧戏，亦须令老妪解得，方入众耳，此即本色之说也。"（见王骥德《曲律·杂论》）并将其与音律说结合起来，构成了吴江派流行一时的创作理论。汤显祖也指出："填词直如说话，此文家最上乘也，亦词家最上乘也。"（《玉茗堂批评

〈焚香记〉》）可见，从题材到风格，后期的创作都有一种回归市俗、以俗为雅的倾向。

与此同时，戏剧界把"情"字作为一面旗帜公开打了出来，人们不再掖掖藏藏，顾忌重重，而是理直气壮地把情当作自己的艺术宣言。作家袁于令说："盖剧场即一世界，世界只一情人。以剧场假而情真，不知当场者有情人也，顾曲者尤属有情人也。即从旁之堵墙而观听者，若童子，若叟瞽，若村妪，无非有情人也。"（《玉茗堂批评〈焚香记〉序》）词曲家张琦说："人，情种也，人而无情，不至于人矣，曷望其至人乎？"（《衡曲尘谭》）戏曲评论家王思任说："天下无可认真，而惟情可认真，天下无有当错，而惟文章不可不错。"（《十错认春灯谜记序》）在这方面讲得最多、影响最大的是一代戏曲大师汤显祖，他一针见血地将情与理这两样东西对立起来，说："情在而理亡。"（《沈氏弋说序》）"第云理之所必无，安知情之所必有邪？"（《牡丹亭记题词》）据说曾经有人劝他："以你之才华，何不去讲学呢？"汤回答："我所从事的正是讲学，你们讲的是性（也即理），我讲的是情。"（见程允昌《南九宫十三调曲谱序》）可见汤显祖是将情作为一种新的世界观、价值观来宣扬和倡导的。

在汤显祖那里，情拥有着非常丰富的内涵。前面我们已经谈到，明代的通俗小说也是扬情的，小说之情建立在市民生活的基础之上，它与人的物质欲望和生理需要紧密结合在一起，属于一种非常具体、实在的情。戏曲之情则不同，它在具备形而下素质的同时，还拥有一种形而上的意义，此种意义超出了市民文化的范畴，与当时的思想界新的人文精神遥相呼应。

我们知道，明中叶以后哲学领域出现了一种新的理学体系，它由王阳明创立，故又称"王学"。此种学说宣称"心即理"，"心外无理"，将原来客观的理念主观化、内心化，企图通过唤起人的"良知"来"净化"民众灵魂，抵抗新思想的侵入，达到维护封建礼教的目的。然而王阳明的学说不但没有挽救封建文化衰败的命运，反而为新文化、新思潮的勃起提供了一种机遇，新的思想纷纷打起王学的旗号反戈一击，向权威文化发起了尖锐挑战。这当中，李贽是最重要的一个人物，他大胆举起了反道学的旗帜，俨然成为新思潮的精神领袖。李贽也十分关心文艺创作，他借助王学以心为本的理论提出了著名的"童心说"：

> ……夫童心者，真心也，若以童心为不可，是以真心为不可也。夫童心者，绝假纯真，最初一念之本心也。若失却童心，便失却真心。失却真心，便失却真人。人而非真，全不复有初矣。……天下之至文，未有不出于童心焉者也。苟童心常存，则道理不行，闻见不立，无时不文，无人不文，无一样创制体格文字而非文者。诗何必古《选》，文何必先秦。降而为六朝，变而为近体，又变而为传奇，变而为院本，为杂剧，为《西厢曲》，为《水浒传》，为今之举子业，大贤言圣人之道皆古今之文，不可得而时势先后论也。故吾因是而有感于童心者之自文也，更说什么六经，更说什么《语》《孟》乎？（《焚书》卷三）

"童心说"在文艺创作界产生了巨大的反响，具体说，它的影响发生在两个层次，通俗小说家把童心当作了情欲的张本，以"百姓日用""穿衣吃饭"为依存，表达了市民在物质和生理上的要求；进步的戏曲家又从童心中延伸出人性和至情，表达了对人的终极目标的关怀，它比前一种影响更深一层。汤显祖正是这一观念的最伟大的表述者。

汤显祖的戏剧作品共有四部，《紫钗记》《牡丹亭》《南柯记》和《邯郸记》，合称"四梦"。（早年的《紫箫记》属于一部未完成的作品。）"四梦"中《牡丹亭》成就最高，堪称绝世之作。汤显祖自己亦认为"一生四梦，得意处惟在《牡丹亭》"（见王思任《批点玉茗堂牡丹亭叙》）。《牡丹亭》又称《还魂记》，讲述的是一个离奇的爱情故事。杜太守的女儿杜丽娘生长深闺，严受拘管，一日，不满塾师的陈腐说教，自到后花园散步，闲行中受到春光的强烈感召，回房便做了一梦。梦中与一位丰姿俊逸的书生在花园中相恋，并做爱。醒来后丽娘以梦为真，竟回园中寻梦（016），依梦中所记，她找到了一株大梅树，"偶然间，心似缱，梅树边。这般花花草草由人恋，生生死死随人愿，便酸酸楚楚无人怨"。从此，杜丽娘全身心地执着于梦境的追求，而以虚伪的现实为假。她痴

016 《牡丹亭》：杜丽娘寻梦（明朱元镇刻本《还魂记》）

心不止，自画了肖像，而后竟消瘦憔悴至死，死前要求将自己葬于梅树之下。三年后，一位叫柳梦梅的书生路过这里，偶然借住园中。见到丽娘留下的自画像及题诗，他深受感动，不觉放声呼唤。杜丽娘的幽魂听到呼声，出来与柳生相会，两人冲破阴阳阻隔，私成欢爱。杜丽娘不满足于两界相隔，她要回到人间，竟让柳梦梅开坟起棺。沉睡了三年的杜丽娘幽姿如故，居然苏醒过来了！于是柳、杜二人经历了一段曲折之后，终于结成伉俪。

此剧的情节的确十分离奇，它违背了一般的常理，而作者正是借助这种离奇，表达了自己的人生观和审美观。汤显祖在《题词》中说道："梦中之情，何必非真？天下岂少梦中之人耶！必因荐枕而成亲，待挂冠而为密者，皆形骸之论也。"即是说，人间的至情是所谓常理框制不住的，它是一种更高且更美的真实，一种可以与一切常理对抗并战而胜之的力量。所以汤显祖傲然宣称："嗟夫！人世之事，非人世所可尽。自非通人，恒以理相格耳！第云理之所必无，安知情之所必有邪！"（《牡丹亭记题词》）

333

别说封建的伦理纲常，就是自然界的规律又岂能挡住人们对真情的追求呢？此剧不啻为一篇独特的爱情宣言。

作者最得意的是自己塑造的杜丽娘这个形象："如丽娘者，乃可谓之有情人耳。情不知所起，一往而深。生者可以死，死可以生。生而不可与死，死而不可复生者，皆非情之至也。"（《牡丹亭记题词》）一个把爱和理想看得比生命还重要的人，一个为了爱情牺牲一切，甚至敢于向死亡挑战的人，才真正称得上是至情至性之人。这种生死不渝的真情正是明代审美文化的制高点，是当时人性所能达到的最高境界。作者把这种真情升华到价值观的高度，它实际上已超出了男女之爱的狭隘范畴，成为一种普遍的人类之爱，一种与封建理学相对立的爱的哲学。

《牡丹亭》是一曲时代精神的颂歌，一支燃烧着青春和热血的火炬，它在当时引起的轰动是空前的，"家传户诵，几令《西厢》减价"（沈德符《万历野获编》卷二十五）。受到汤显祖的感召，剧坛上掀起了一股叙写浪漫爱情的热潮，新作、佳作层出不穷，百花齐放。其中最杰出者，有沈璟的《红蕖记》《坠钗记》，吴炳的《西园记》《绿牡丹》《画中人》《情邮记》，孟称舜的《娇红记》《贞文记》，周朝俊的《红梅记》，高濂的《玉簪记》，徐复祚的《红梨记》，袁于令的《西楼记》等等，令人目不暇接。这些作品都把男女主人公的爱情当作人世间最美好的情感加以歌颂和推崇，并且不约而同地把情爱置于生命之上，所谓"年华有尽情无尽"（《娇红记》），"生生死死两情连"（《贞文记》），所谓"不识为情死，哪识为情生"（《画中人》），"堪笑人生驿路，纷纷碌碌，总跳不出情字里"（《情邮记》）。在那个封建礼教势力依然盘踞的时代，在那个商业气息日渐浓厚、金钱开始走红的岁月，剧坛这一股浪漫的潮流如同一阵清新的春风，一片灿烂的阳光，给人间带来了温暖和希望，带来了朦胧但却真实的新文化的信息。这简直是一次情感的启蒙，它的意义也许远比理论的大声疾呼要有效得多。审美文化就是这样成为新时代的开路先锋。

如果说明前期的风气乍变，还仅仅是摇动了几片树叶，那么到了后期，已成为遍地春风了。尽管旧的体制没有更新，封建政权的性质也没有改变，但依仗着商品经济强有力的依托，审美文化大胆地向那个已经腐朽沉暮、走着末路的旧社会发起了一次又一次冲击。在这种情况下，权威文化已经失去了左右人心的力量，成为春风吹拂下一尊正在融化的冰雪神像。

陆

探求更新的明代诗歌散文

通俗文化繁花似锦的局面是在冲破阻力之后实现的，虽经历了一个渐进的过程，却比较单纯。相比之下，代表正统文化的诗文领域的发展要曲折得多。当整个封建文化走向衰落的时候，诗文创作也面临着严峻的抉择。在经过了痛苦的摸索之后，这一传统的高雅领地，在明中叶终于也刮起了变革的狂飙，而且一个接着一个，这昭示着正统文化内部的分裂和蜕变，标志着审美文化的转型到达了更为深入的层次。

# 1

## 呼唤汉唐

### 借亡灵重振士风的复古派文学

**明初诗文与台阁体**

由宋入元后，知识分子的地位急剧下降，心态非昔可比，那种指点江山、致君尧舜的自信和激情早已消失殆尽，无论李白式的飘逸、杜甫型的忧患，还是欧阳修类的从容、苏轼样的旷达都已无法唤起人们的共鸣和激奋。诗人们在窘迫的困境中，失落了自己的历史位置。元明易代，曾经给此种困境带来了一次转机，许多知识分子重新燃起了希望之火，以为文化中兴的时机到来了。此时，人们又听到了那久违的充满了信心和自豪的歌声：

> 大江来从万山中，山势尽与江流东。钟山如龙独西上，欲破巨浪乘长风。江山相雄不相让，形胜争夸天下壮。秦皇空此瘗黄金，佳气葱葱至今王。我怀郁塞何由开，酒酣走上城南台。坐觉苍茫万古意，远自荒烟落日之中来。石头城下涛声怒，武骑千群谁敢渡。黄旗入洛竟何祥，铁锁横江未为固。前三国，后六朝，草生宫阙何萧萧！英雄乘时务割据，几度战血流寒潮。我生幸逢圣人起南国，祸乱初平事休息。从今四海永为家，不用长江限南北。（高启《登金陵雨花台望大江》）

这首诗是明初青年诗人高启所作，它让人想起汉唐的气魄和胸襟，想起士人曾经创造过的种种辉煌。人称高启"一涉笔即有博大昌明气象"（赵翼《瓯北诗话》卷八），此诗的确代表了明初文人重塑自我形象的努力。高启是吴人，他与杨基、张羽、徐贲并称"吴中四杰"，当时有人曾将他们比作"初唐四杰"。随着朝代的更迭，一场诗歌的复兴似乎就要开始了。

然而，情况并不像人们想象的那样，这一生机的存在极其短暂，短暂得像一道闪电，很快明王朝对知识分子的高压和迫害就降临了。比较起来，在诸多文艺形式当中，受压制最重的倒是作为正统艺术的诗文，其他类型充其量只是被限制了创作范围而已，唯有诗文，朝廷竟直接向作家开刀。高启是被腰斩的；张羽因获罪，自投龙江而死；徐贲被逮入狱，卒于牢中；杨基则被撤职劳改，死于工所。就连被称为"开国文臣之首"的宋濂、为明王朝建国立下汗马功劳的刘基也没有逃脱被迫害的厄运。诗文创作界如霜降华林，一片凋落。这是一个值得思考的现象。众所周知，诗歌、散文与整个封建文化原本是一体的，它们早就成为封建文化不可缺少的一部分，恰如文人士大夫已成为封建大厦的重要支柱一样。凭着这种和谐、一体的关系，汉、唐创造过高度的文化繁荣，因而也确立了知识分子的历史责任感与自信心。但是进入明代以后，这种关系破裂了，皇权畸形地膨胀，权威文化又病态地强化、扩张，二者连成一体，以各种方式拼命遏制文人的自由意志、独立精神，愚化人们的头脑，销熔人们独立思考的能力，于是诗人的厄运和文学的厄运同时降临了。其实，这决不仅仅是一个文学的繁荣与凋败的问题，它维系着大明政权的精神命脉，维系着整整一代知识分子的命运和前途。这样做，表面上造成了天下太平的景象，而实际上却埋下了深深的祸根，而封建社会的衰败也正是从那时开始的。

明初一百来年，可以说是万马齐喑、冷落萧条，但又绝非毫无声响。其时，也生出了一种文学来填补空白，附庸风雅，它就是"台阁体"。台阁体是由一批内阁大臣创始、流行于上层官僚之间的文学形式，其代表人物为杨士奇、杨荣和杨溥，人称"三杨"。从本质上来说，台阁体与南朝的宫体、宋初的西昆体是一回事，都属于宫廷文学，不过它还有自己的时代特点，那就是浓厚的道学气。杨士奇说："古之君子为文皆本于学，学博矣，又必贵乎正。"如何才算"正"呢，那就是与"濂洛之学""往往相合"

（《东里续集》卷十八）。杨荣也说："苟非出于性情之正，其得谓之善于诗者哉？"（《省愆集序》）总之，文学的使命在台阁体作家看来，就是"鼓吹名理""宣扬休明"，此才算诗文的正道。台阁作家的诗多是感恩、颂德、宴游、赏景之类，外观上四平八稳，冠冕堂皇，雍容典雅，读来却让人昏昏欲睡，属于典型的御用文学。过去评论界讥其"无深湛幽渺之思，纵横驰骤之才"（《四库全书总目·杨文敏集》），实际上不是台阁作家们缺少才华，根源还在于那个时代的文化气氛。君不见，敢说真话、敢吐心声的人不都已扫荡干净了吗？除了对权威文化顶礼膜拜、山呼万岁之外，你还能做什么呢？恰如清代评论家指出的："永乐以还，尚台阁体，诸大老倡之，众人靡然和之，相习成风，而真诗渐亡矣。"（沈德潜《明诗别裁集》卷三）其实，消亡的不只是真诗，那种支撑士大夫人格的崇高精神，那种传统文人的价值追求，还有初期被唤起的满腔变革热情，统统在这派雍容典雅的太平景象中渐近消亡。文人再一次失去了自己的历史位置，陷入深度的自我迷失。

**"前后七子"与
文学自救运动**

时隔一个世纪，随着社会危机的加剧，随着思想钳制的放松，随着一批精英人物的崛起，一场新的诗文运动终于爆发了。它的爆发犹如在沉闷的正统文学领域响起了一声震耳的春雷，打破了那长久的郁闷和沉寂。这场运动由李梦阳、何景明等人发起，因为他们打出的旗号是复兴古学，故又称古典主义文学运动，其矛头直接指向虚假、萎弱的台阁体和窒息人灵魂的八股文。李、何等人提出："文自西京、诗自中唐而下，一切吐弃。"（《明史·文苑传序》）这就是说，散文，真正的楷模在秦汉，不是臭腐的八股文；诗歌，最高之境界在盛唐，更不是目前流行的台阁体。此即著名的"文必秦汉，诗必盛唐"之说。这一主张在今天看来毫无新意，且有浓厚的保守色彩，但在当时却具备振聋发聩的效果，它打开了人们长期封闭的眼目，冲决了权威文化对人的精神禁锢，确确乎乎是一次文学的解放，因而理所当然地在创作界引起了热烈反响，"北地（李梦阳）一呼，豪杰四应……霞蔚云蒸，忽焉丕变，呜呼盛哉"（朱彝尊《静志居诗话》卷十）。

　　复古派的骨干成员有所谓七子、十子之称，其后又有李攀龙、王世贞领导的第二次复古运动，人称"后七子"，前后持续共四十年，影响遍及海内，"暨前后七子出，趋尘蹑景，万喙一声"（陈田《明诗纪事·戊签序》）。这一场古典主义运动的意义决不限于文学，从根本上说，是为了重新确立士人的角色意识，恢复知识分子的人格自尊和文化地位。自标举汉、唐这一点就能看出来，汉、唐是文人自信心最强的时期，也是封建文化的鼎盛时代，那是正统文人的一个永恒的梦。七子们多么希望重建汉、唐人的辉煌啊！所以在批判台阁体、八股文的同时，他们尤其鄙弃那种委琐、卑庸的人格，而竭力张扬那种胸怀远大、以天下为己任的汉唐精神，所谓"人生富贵岂有极，男儿要在能死国"（李梦阳《草堂歌》），"一时边将当关少，六月王师出塞难。先帝恩深能养士，请缨谁为系楼兰"（何景明《武昌闻边报》）！这样的诗句，这样的情感和意愿，在七子的诗中是每每能见到的。李、何在唐代诗人中最推重杜甫，也体现了这层意思，他们就是要把忧国解难、兴利除弊的责任再一次担到自己的身上，以这种方式来重新争得文人的自尊和独立，挽救文学的软媚、沦落，挽救士大夫人格的衰变。

救人与救文在这次复古运动当中是一致的，唯有人的自觉，才会有传统文学的自觉；唯有人的精神得救，文学才可能得救。从这个意义上说，这又是一场传统文化的自救运动。精英们既要挽救自己，也要挽救那个正在衰败下去的封建王朝。耐人寻味的是，这场文学运动恰是以反对权威文化、反对台阁体和八股文为使命的。也就是说，为求统一，就必须首先决裂，文人文化与权威文化的分裂已经显露无遗。

文学精英们不仅是诗文的改革者，同时也是政治领域的改革派，他们将文学理想与社会理想连在一起，为恢复政治的清明，向朝中种种腐败现象展开了攻击。"前七子"集中反对的是宦官刘瑾的专政，李梦阳为此曾经下狱，险些被杀，何景明也曾上疏，称："义子不当畜，边军不当留，番僧不当宠，宦官不当任。"二人

"并有国士之风"(《明史·何景明传》)。"后七子"则与权臣严嵩展开了不屈不挠的斗争，前面提到的传奇剧《鸣凤记》就是这场斗争的一个部分。自诗文改革运动始，明朝士大夫的处事态度为之一变，那种谨小慎微、卑琐萎弱的模样被扫而除之，人人皆以伸张正义、秉持气节为荣。从一定意义上说，它的确给明代后期的局势带来了变化，万历时期东林党的崛起即受到七子精神的影响，一些东林党成员公开宣称以七子为师，而明末复社、几社等文学社团更是直接受到了这一精神的感召。直至明亡之际，陈子龙、夏完淳等英雄志士的殉国行为，都是七子精神的发扬光大，他们的斗争在一定程度上确也延缓了明王朝的覆亡。谁也不能否认复古运动对明代社会所起到的积极作用。然而，这种作用和影响同时也说明，汉、唐的和谐和统一实际上已一去不复返了，它被当今的分裂和斗争所代替。应该说，这并不是倡导者们所真正期望看到的。

作为一场文学运动，改革的根本宗旨并不在政治领域，它的第一要义在于对人的拯救。

七子派最关心的还是人，为救人而救诗，这才是他们的真正目的。台阁体搞歌功颂德，又鼓吹名理，真情实感失落了，于是真诗渐亡。与此同时，一些理学家也出来凑"热闹"，推出一种所谓的"理气诗"，诸如"太极圈儿大，先生帽子高""但闻司马衣裳大，更见伊川帽桶高"这样的诗句居然也在流行，可见，人性的异化已经到了什么程度。诗为心声，诗亡也就意味着人性的消亡，所以七子力图通过扭转诗风，重新恢复人之本性，他们提出一个"情"字来与理学派对抗。李梦阳说："夫诗发之情乎。""天下有窍则声，有情则吟，窍而情，人与物同也。"（《鸣春集序》）徐祯卿说："情者，心之精也。情无定位，触感而兴。既动于中，必形于声。……盖因情以发气，因气以成声，因声而绘词，因词而定韵，此诗之源也。"（《谈艺录》）他们均指出，自然的东西才是本性原有的东西。风吹过石缝，会发出声音；人的心有了感动，便会形诸诗歌。情感的吟发如风声一般，是最真实最自然不过的，它才是诗歌之本源。岂止是诗，它也是人性之本。这种诗学观虽然前代也有人表述过，但在明代提出来，无疑具有特殊的意义。李梦阳最反对理气诗，他说："今人有作理气诗，辄自贤于'穿花蛱蝶'、'点水蜻蜓'等句，此何异痴人前说梦也。"（《缶音集序》）为了清除理学对诗歌的侵害，李梦阳甚至愤而否定宋诗："宋人主理作理语，于是薄风云月露，一切铲去不为，又作诗话教人，人不复知诗矣。"（《缶音集序》）这类极端的议论都是有很强针对性的。矫枉，就要过正，当明代诗文已严重异化的情况下，当有些人已经不知何者为诗、何者为美、何者为人性的情况下，高举唐诗的旗帜，标举一个"情"字，就有它不容否定的价值。真理从来就是相对的。其实当时整个艺术界，都在进行这种斗争，"情"跟"理"的交战正显示出明代审美文化的转型，这一点七子派与时代大潮流是一致的，他们本身就是这股潮流的一部分。

然而诗文跟戏曲、小说毕竟不同，戏曲、小说属通俗文学，基本上代表市民阶层的意识，即便有文人作家的参与，也必然受到市民文化的深刻影响和挟裹。而市民的角色意识、价值取向一般都分外的明确，不像士大夫们那样复杂，他们也张扬"情"，那种"情"跟"欲"是连在一起的，一方面非常浅切，另一方面又非常实在。市民们当然反对理学，厌弃礼教，这种反对和厌弃跟日常生活连在一起，成为他们争取平等权利、扩大生存空间的方式和途径，成为争取新生活的手段，所以通俗文学代表的是一种全新的社会发展的方向。诗文领域却不尽然，诗文是雅文化的代表，是士大夫意识的载体，同样标举"情"字，其内涵跟通俗文学相当地不同，它其实是士大夫们生活方式、审美情趣、角色意识、文化品位的综合体现，且经过了长期的历史积淀，形成一种独特的超越日常生活之上的文化形态。汉、唐时，这种文学处于鼎盛阶段，领导了审美文化的潮流和方向，然而进入明代，情况发生了变化，雅文学处于进退两难的尴尬状态。一方面，它自己以封建文化的代言人自居，拒绝角色的转换，一厢情愿地把兼济天下与自我实现集于一身，企图重建昔日的辉煌；另一方面，以皇权为依托的权威文化以更加权威的身份临驾其上，竭力扼杀它的生存权利，销蚀它的内在生命，将它一步步逼入绝境。再从生活的层面来说，都市文化的繁荣，商业因素的增长，生存境遇的日新月异，也大大压缩了那种清高超远、不食人间烟火的士大夫文学空间，它赖以生存的土壤正在丧失。

雅文化的这种双重尴尬正是传统文人处境的真实反映。当然，七子派高喊以情代理，固然有其进步意义，可他们想抒发的到底是一种什么情感呢？七子派原本要挽救人的本性，这当然深刻，然而他们究竟想把人们带到哪里去呢？这是改革者们极难回答而又必须回答的问题。破坏旧权威并不太难，但建立一种新文学却远比人们想象的要难得多。

复古本来只是七子派的一个口号，就如中唐时韩愈、柳宗元曾经倡导过，北宋时欧阳修、王安石等人也曾经倡导过一样，人们都想借助古人来改革当代文风，创造适合时代的新文学。但是七子派身处的时代与唐宋时已大不相同了，这是一个转型的社会，旧东西正在衰败下去，新事物正在向人们走来。七子们在反对台阁体、八股文的同时，实际上还面临着一个向前走还是向后走的选择，这个选择是唐、宋时期所没有的，甚至明初的作家们也未曾遭遇过。如果说对唐宋改革家而言，创新实质上即是对传统的延续的话，那么到了七子这里，创新将意味着对传统的背叛。这的确是一次十分艰难的选择。

七子派终于选择了回归传统，此也是一种必然。于是，复古已不仅仅是一个口号，也不再仅仅是一面旗帜，它成了向古人认同的文化行为。"情"字终于也有了落实，那就是以传统士大夫的情感为楷模，舍此一概摈弃。至于人格定位，那就更清楚了，坚守正统文人的做人准则，以气节、功名自诩，一切向古人看齐，这便是七子派文学改革的真谛和精髓。本着这种精神，七子们对古人奉若神明，宣称文至秦汉，诗至盛唐都已至善至美，无以复加，后人要做的不是发展他们，超越他们，而是以他们为楷模，亦步亦趋，模仿、效法，学得越像、越逼真，就越成功、越美。李梦阳提出了著名的格调说："高古者格，宛亮者调。"号召学习古人作品的外在风貌，后来觉得太抽象，抓不住，干脆主张从语言文字入手，尺尺寸寸地去学。李梦阳甚至说，人们学习书法，都要临帖，以临得越像为越好，何独诗文，却要自立一个门户，求异于古人呢（《再与何氏书》）？这就是以古为美、以模仿为美的复古派的审美观。他们实际上已违背了自己的初衷，即抒真情、做真人、以自然为美。

七子的创作不能算作成功的艺术，他们作品中的意象都是陈旧的，诸如"汉京""梁苑""金谷""鄘坞""昭阳殿""长信宫"等等，这些意象并非来自生活，而是来自前人的作品，不生动、不可感；其次，作品中的语言陈旧，从词汇到句式都明显地模仿古人腔调，离开当代生活，缺乏鲜活的气息，也显不出作者个人的风格。这些就是被作者称为"格调"的东西。我们的诗人即便有一腔真情要倾诉，戴上了这副沉重的格调枷锁，其效果就要减去一半。这方面，"后七子"比"前七子"更甚，"所拟乐府，或更古数字为己作"，"文则聱牙戟口，读者至不能终篇"（《明史·李攀龙传》）。七子们为实现认同古人和回归汉、唐的审美理想，已经把文学创作的根本丢失了，这不能不说是复古运动的失败。

**唐宋派与平民文风**

七子派的失败并没有导致复古运动的结束，相反，明后期诗文领域的复古思潮是一个漫长的、持续不断的文化趋向，与追求时尚的维新潮流共存。这种文化现象是值得人们思考的。传统文化的惯性巨大，诗文又是这种文化的结晶，它已不可避免地走上了下坡路，却远未到寿终正寝的时刻，它依然是大多数文人士大夫的精神载体。只要社会的转型没有完成，只要封建社会没有灭亡，这种士大夫文学就将继续存在下去。而所谓新兴文化实际上又远未成熟，并无能力取代积淀深厚的传统文学，在反对权威文化的斗争中，它也需要士大夫文学的协同作战，在这种情况下，雅俗文化的并存就是一种必然现象。

　　七子的文学实践失败后，导致的不是文化选择的改变，而是复古运动内部的调整。在不改变复古方向的大前提下，有一部分文人作家转而提倡唐宋散文，其代表人物有王慎中、唐顺之和茅坤等人，人们称其为"唐宋派"。"唐宋派"实际上是一个散文派别，它崛起于前后七子之间。该派认为七子复古出了偏差，只学到了古人的形貌，所谓"以眉发相山川，而未以精神相山川"（唐顺之《答茅鹿门知县第一书》）。其原因在于秦汉散文离我们太远，语言差距太大。七子不顾这一事实，勉强以格调求之，结果就成为"腐木湿鼓之音"（唐顺之《董中峰侍郎文集序》）了。为了真正把握古人的精神，王、唐等人主张学习唐宋散文，那种文体离当代较近，且风格平易，文从字顺，便于掌握。此外，韩愈、欧阳修、曾巩等作家也都是正统士大夫的楷模，是汉、唐精神的继承者，与复古运动的宗旨并不相悖。茅坤为此特意编选了《唐宋八大家文钞》，广为宣传推崇，"其书盛行海内，乡里小生无不知茅鹿门者"（《明史·茅坤传》）。

"唐宋派"在价值取向、审美理想方面与七子们实际上是一致的。七子们以诗为主，故尚真情；"唐宋派"以散文为主，于是强调作家的独立精神与意志。唐顺之发论说："至于中一段精神命脉骨髓，则非洗涤心源、独立物表、具今只眼者，不足以与此。"（《答茅鹿门知县》之二）唐顺之把此点提得很高，他认为写文章至关重要的是要有自己的本色，要具备真知灼见，即所谓"千古不可磨灭之见"，如果没有这种精神，那么文章写得再工，也不过是"几句婆子舌头语"，根本不足观。这种看法，当然是十分精彩的，在八股文盛行、作者独立意志普遍缺失的情况下，尤具警醒作用。

但是，唐宋派所标明的真知灼见、作家本色究竟是什么呢？在封建社会的转型期，它必须有所特指，而且非此即彼。前面已经指出，"唐宋派"在文化方向的选择上与"七子派"是基本一致的，在此重要的历史关头，"唐宋派"并没有用新眼光去审视现实，更谈不上与传统实行决裂，他们所谓的真知灼见不过是对传统思想的再体悟、再发挥罢了，根本不是推陈出新。茅坤在

《唐宋八大家文钞》的总序中就提出了"文特以道相盛衰"的口号，再一次重复"文以明道"的腐见，而唐顺之在创作中多"搀杂讲学"，所著文章多"宋头巾气息"（《答皇甫百泉郎中》），令人感到失望。

与他们有所不同的倒是晚于唐、茅诸人，也被人们归入"唐宋派"的归有光。他的集子中有一些文章士大夫气淡薄，只是叙写家常琐事、骨肉亲情，把一贯用来阐扬大道、议论国事的散文引入了个人生活的领域，表现出浓厚的平民色彩。比如人们所熟知的《项脊轩志》：

> ……
>
> 然余居于此，多可喜，亦多可悲。先是庭中通南北为一，迨诸父异爨，内外多置小门墙，往往而是。东犬西吠，客逾庖而宴，鸡栖于厅。庭中始为篱，已为墙，凡再变矣。家有老妪，尝居于此。妪，先大母婢也，乳二世，先妣抚之甚厚。室西连于中闺，先妣尝一至。妪每谓余曰："某所而母立于兹。"妪又曰："汝姊在吾怀，呱呱而泣，娘以指扣门扉曰：'儿寒乎？欲食乎？'吾从板外相为应答……"语未毕，余泣，妪亦泣。

　　　　阅读这些文字，使人忘却其为古文，作者于自然的叙述中，将人们带入那亲切、熟悉的生活氛围中去。唐顺之的所谓本色，所谓"千古不可磨灭之见"最后竟应在了这样一些看似平凡琐碎的文章里，可见，时代究竟不同了。

**吴中风流**

古典主义文艺思潮事实上存在着两个分支：一支是兼济天下型的，七子和唐宋派属于这一支；还有一支是独善其身型的，其影响不及前者来得大，但也是古典主义不可缺少的一个部分。七子派大盛于北方之时，南方以苏州为中心，也有一个作家群体在活动，人称吴中派，吴中派就属于典型的独善其身型的文学流派。其实称其为文学流派并不准确，吴中作家往往身兼数艺，如绘画、书法、篆刻等，而尤以绘画著名，所以他们实际上是一个艺术群体。吴中作家的代表人物，就文学方面来说有祝允明、文徵明、唐寅和徐祯卿四人，号称"四才子"，而文徵明和唐寅又与沈周、仇英并列为吴门画派的四大代表。在明代艺术史上，"吴中派"的分量是不可小视的，其成就甚至高出于北方的复古派，这与他们更多关注于艺术本身以及注重个人的性情有关。

吴中作家有这样几个共同特点，首先，淡薄仕进，不拘礼法。与七子派和唐宋派不同，吴中作家对政治普遍取冷淡的态度，而且厌弃做官。他们当中有的终生不仕，如沈周。更多的则是为宦短暂，后来主动放弃，如文徵明、唐寅、祝允明等。古代文人自来就有隐逸的传统，吴中作家的这种态度实际上是对此一传统的继承。隐居型文人有自矜名节、傲对权贵的习惯，吴中文人于这方面也很突出。文徵明从不肯为王府和宦官挥毫，权贵以重礼相赠的，一律未启封而送还。唐寅因科场案归乡以后，有显贵欲以重金聘其做事，唐"佯狂使酒，露其丑秽"，贵人不堪，只得放弃。如果说七子等北方派以抨击弊政、伸张正义为士大夫人格张目，那么，吴中派就以洁身自好、鄙薄名利来维护个人的自尊，二者都是传统知识分子人格的体现。如果说他们与一般隐逸者有所不同的话，那就是不拘礼法、放纵不羁这一点。祝允明表现得最突出，他好酒，好色，又喜博戏，不善治家，负债累累。每出门，讨债者相随于后。这些行为并非是无谓之举，它们与祝允明"恶礼法士"的态度是密切相关的，可以视作其反伪道学的一种特殊方式，并不违背洁身自好的做人宗旨。唐寅的放浪形骸、倜傥风流也颇为人传道，他在桃花坞建了一个别墅，"与客日般饮其中"；还写诗自炫说："我也不登天子船，我也不上长安眠，姑苏城外一茅屋，万树桃花月满天。"（《把酒对月歌》）民间有不少关于他的传说，其言其行"往往出名教外"（《明史·唐寅传》），这似乎又有魏晋文人的影子。

从表面上看，吴中派的处世态度与七子派有很大不同，但实际上它们又是相通的，传统型文人的仕与隐本来就是互相补充、彼此转换的。吴中文人也并非真正淡漠世事，他们只是对现实不满，感到苦闷而已。徐祯卿后来北上求仕，在京城很快加入了七子集团，并成为骨干，就是一个明证。

其次为崇尚才情，热爱山水。在艺术创作方面，七子派强调格调，重视形式；唐宋派讲精神，也强调"法"；吴中派则专尚个人的才气、天性，以抒写性情为尚，不大顾忌规矩、格式。沈周以绘画见长，其诗"但自写天趣，盖不以字句取工"（《四库全书总目·石田诗选》）；祝允明作文尚奇气，兴会神到之时，"当筵疾书，思若涌泉"（《明史·祝允明传》）；唐寅的诗歌亦尚才情，自由挥洒，"颓然自放"（《明史·唐寅传》）。与北方复古派比，吴中派作家的作品很少忧国忧民的内容，大多抒写个人怀抱，艺术方面也不拘门限，随意自由，固然有不严谨、不精炼的缺点，但真情显露，反而比北方作家为可观。绘画方面，吴中文人继承了元代赵孟頫与元末四大家的绘画传统，又融汇了宋代院画工致精细的技法，创造出一种新的绘画风格。

他们的作品多写江南的山水园林，境界蕴藉含蓄，文雅恬静，扬弃了元四大家的荒寒、郁愤，更多地体现出明代文人的从容和沉思，表达了作者的审美追求。其代表作如沈周的《庐山高图》（彩图19）、文徵明的《绿荫清话图》、唐寅的《落霞孤鹜图》（彩图20）及仇英的《莲溪渔隐图》等。此外，吴中作家也工画人物，唐寅尤为著名，他的仕女图独树一帜，其中《秋风纨扇图》描写一仕女独立平坡，手执纨扇，若有所思，画上还题诗一首："秋来纨扇合收藏，何事佳人重感伤，请把世情详细看，大都谁不逐炎凉。"寓意深刻，表现了作者对人世的感慨和不平。绘画至吴门画派出，才确立了本朝文人画的地位，并开启了明末以华亭派为代表的文人画潮流。

第三是地方色彩和俚俗倾向。吴中作家集中在苏州，受到自然环境和文化传统的影响，往往创作上形成一种不自觉的地方性色彩，这种地方色彩被北方的作家称为"吴中诗格"。归纳起来，一是美学风格上的阴柔化，如"石湖烟水望中迷，湖上花深鸟乱啼"（文徵明《石湖》），"呼他小艇过湖去，卧看斜阳江上峰"（唐寅《题画》）等等，这类风格既源于江南秀媚的自然环境，也与作家的审美偏尚有关。二

是六朝文学的余韵。体现在诗中，像"文章江
左家家玉，烟月扬州树树花"（徐祯卿，引自
王世贞《艺苑卮言》卷六），"钱塘苏小小，京
洛董娇娆，秾芳竞桃李，清润并琼瑶"（祝允
明《春阳曲》），"何处逢春不惆怅，何处逢情不
可怜"（唐寅《怅怅词》）之类，体现出一种秾
艳之美，有其独特的吴中风韵。三则是受到了
市井文化影响，掺杂有一定的俚俗倾向。这方
面祝允明、唐寅比较突出，他们对民间的流行
小曲较感兴趣，往往受其影响，在自己的创作
中有所浸染，但程度并不深。总的来说，吴中
作家的作品依然属于古典派的范畴，也就是说，
吴中作家实际上并不打算真正放弃自己的文化
立场，实现价值转换，只是相对北方作家来说，
创作上比较随意和自由罢了。

南北两支复古派在审美态度、艺术追求上存
在着不少差别，对后代造成的影响也各有不同，
但都是在同一文化背景之下产生的，其基本的价
值选择也相同，那就是反对权威文化，回归旧传
统，它们实际上是同一文艺思潮的产物。当社会
开始由封建社会向近代社会转型的时候，不愿意

正视此一重大的现实，不从事新文化的创造和探索，这无论如何是一个巨大的缺陷，它只能导致正统文学与现实的脱节。复古派没有能力来承担这项任务了，历史在呼唤新文学，于是新的改革派应运而生。

『独抒性灵』
标榜个性美的革新派文学

在雅文化领域，真正称得上新文学的还要数后来居上的"性灵派"，因为他们摆出了与传统彻底决裂的态度。正统文化的分裂于明中叶以后呈现为两个步骤，复古派的崛起是雅文化裂变的第一步，这一步尽管迈得坚决，但不够彻底。毕竟七子们将古人作为自己的依傍和楷模，他们缺乏强烈的现实感和开创新文学的勇气。值整个社会向着近代化迅速迈进，且通俗文化如钱塘潮水般澎湃涌来的时候，雅文学阵营终于又推出了第二次变革，这便是以公安、竟陵两支为代表的新的文学潮流。

**公安派的文化心态**

所谓新文学，一个最鲜明的特征就是推倒古人的偶像。公安派领袖袁宏道在《雪涛阁集序》中宣称，时代不同了，古代有古代的情况，现代是现代的情况，硬要模仿古人声调说话，就好像在冬天里穿起轻薄的夏装一样，可笑而且不合时宜。他们断言，跟在古人后面亦步亦趋地爬行，永远也别想有所建树，必须与古人分庭抗礼，才能各垂千秋。公安派辛辣地嘲笑复古派"粪里嚼渣，顺口接屁"，"记得几个烂熟故事，便曰博识；用得几个现成字眼，亦曰骚人。计骗杜工部，囤扎李空同，一个八寸三分帽子，人人戴得"（袁宏道《与张幼于》)，态度之坚定、严厉，决不亚于七子派当年。革新派的这种攻击把古典派苦心构筑的大厦冲得摇摇欲坠，逐渐失去了原来的声势和号召力。

这场论争看上去是古与今之争，实际上并非那么简单。革新派们所真正要反对的，不仅是那已经过时、变得僵硬且毫无生气的语言形式，或者复古派们亦步亦趋、迂腐可笑的学古态度，更重要的，他们根本上就认为古人的审美价值观、文化立场与自己格格不入。前引袁宏道所言冬季和夏装的比喻是值得反复玩味的，其实当时的台阁体和八股文就属于"时文"，但那是新潮派们更加不屑一顾且要加以摈弃的东西。革新派想要创立的，不光是一种拥有当代语体的文学，且更是一种具备崭新内涵的、跟时代发展趋势相一致的文学，这是问题的实质。他们的口号是"独抒性灵，不拘格套"，人们因而称他们为性灵派。

这个口号里面至少有两层意思，第一是挣脱格套，直抒真情。其实复古派也是倡导真情的，他们以此反对过台阁体和八股文，但是复古派无法彻底贯彻自己的主张，尚古情结令他们失去了抒发真情的能力，传统士大夫的身份约束又使他们不愿意面对业已变化的生存现实，真情于是落空了。李梦阳在晚年时承认说，"予之诗，非真也"，"出之情寡而工之词多者也"（《诗集自序》）。性灵派看到了这一点，所以他们要挣破一切格套，自由地抒写内心，"非从自己胸臆流出，不肯下笔"（袁宏道《叙小修诗》）。这一层意思可以概括为：跟古人决裂。

第二层是解放自我，背叛传统。"性灵"一词虽非革新派所首创，但显然被他们赋予了新的内涵，它指作家个性、禀赋、天才和灵感的综合，一句话，是一种完全个体化、心灵化的东西。新潮作家们把属于个体的因素强调到高于一切，甚至独一无二的地步，这是对传统文化压抑个性的公然反叛，也是一种更彻底的自我解放。我们知道，在那个时代，除了权威文化的压制、古人亡魂的规约之外，文士的角色意识也在制约着人们的心灵。复古派的两支，一为兼济天下，一为隐居田园，代表了文人的两种价值取向。假如"性灵派"不能从这两种角色意识当中跳出来，那么所谓新文学，所谓性灵，其实还是在老框框里兜圈子，不可能有真正的建树。"独抒性灵"这个口号的提出实际上含有与传统意识决裂的意思，这才是更深一层的解放。此一层意思，可以概括为跟旧我决裂。两层决裂使我们看清楚了，这场文学革新事实上是一次深刻的文化转型。

性灵派作家的文化心态与前人相比，确乎有了很大不同。首先，他们厌恶做官。袁宏道说："觉乌纱可厌恶之甚。"（《龚惟长先生》）"在官一日，一日活地狱也，人亦何为而乐地狱也哉？"（袁宏道《罗隐南》）其次，他们也不愿意做清高的隐士，更不相信神仙道化。袁氏兄弟中的老三袁中道表白自己："非官非隐，亦疑仙。"他的二哥中郎说得更为生动："是官不垂绅，是农不秉耒，是儒不吾伊，是隐不蒿莱。是贵着荷芰，是贱宛冠佩。是静非杜门，是讲非教诲。是释长鬓须，是仙拥眉黛。"（《人日自笑》）看上去这像在自嘲，实际上却表明，新潮人物不屑于认同传统角色，宁愿让自己处于一种不对号、不确定的状态。新角色诚然难以确认，但对性灵派来说，人生的追求还是比较明确的，袁宏道曾经谈到过人生有五大乐事：

> ……然真乐有五，不可不知。目极世间之色，耳极
> 世间之声，身极世间之鲜，口极世间之谭，一快活也。
> 堂前列鼎，堂后度曲，宾客满席，男女交舄，烛气熏
> 天，珠翠委地，金钱不足，继以田土，二快活也。箧中
> 藏万卷书，书皆珍异，宅畔置一馆，馆中约真正同心友
> 十余人，人中立一识见极高，如司马迁、罗贯中、关汉
> 卿者为主，分曹部署，各成一书，远文唐宋酸儒之陋，
> 近完一代未竟之篇，三快活也。千金买一舟，舟中置鼓
> 吹一部，妓妾数人，游闲数人，泛家浮宅，不知老之将
> 至，四快活也。然人生受用至此，不及十年，家资田地
> 荡尽矣。然后一身狼狈，朝不谋夕，托钵歌妓之院，分
> 餐孤老之盘，往来乡亲，恬不知耻，五快活也。士有此
> 一者，生可无愧，死可不朽矣。(《龚惟长先生》)

这种极其真诚的心灵坦白是过去任何一个时代
的旧文人都不敢说，也不可能说出口的，实实
在在地托出了性灵派作家的审美理想：一种在
肉体上和精神上都充分舒展、畅快尽致的人生。
可以看出，性灵派文人的审美观、价值观与旧
式文人已经大不同了，岂止不同，简直是背道

而驰！有意思的是，这种以享乐为美的人生观倒是与市民阶层比较接近，它与当时整个的社会风气正相呼应。

**向俗文学靠拢**

其实公安三袁的文学主张在当时明显受到了平民思想家李贽的启发。李贽作为明末思想界的怪杰，本从王阳明学派的营垒中杀将出来，他的思想带有鲜明的叛逆倾向。在痛斥假道学、攻击旧伦理的同时，他对市民阶级作了充分的肯定和赞扬："市井小夫，身履是事，口便说是事，做生意者但说生意，力田作者但说力田，凿凿有味，真有德之言，令人听之忘厌倦矣。"（《答耿司寇》）这对三袁无疑是一种深刻的启迪。李贽还提出了著名的童心说："夫童心者，真心也，若以童心为不可，是以真心为不可也。夫童心者，绝假纯真，最初一念之本心也。若失却童心，便失却真心，失却真心，便失却真人。人而非真，全不复有初矣。"(《童心说》)正当袁氏兄弟为复古派声势所惑，感到迷惘、疑虑，缺乏自信时，李贽的点拨令他们心目大开，"至是浩浩焉如鸿毛之遇顺风，巨鱼之纵大壑，能为心师，不师于心，能转古人，不为古转。发为语言，一一从胸襟流出，盖天盖地。"(袁中道《吏部检讨司郎中中郎先生行状》)

这一转变最明显地体现在诗歌领域。袁中郎说过："今之诗文不传矣，其万一传者，或今间阎妇人孺子所唱《擘破玉》《打草竿》之类，犹是无闻无识，真人所作，故多真声，不效颦于汉、魏，不学步于盛唐，任性而发，尚能通于人之喜怒哀乐，嗜好情欲，是可喜也。"(《序小修诗》)诚然，类似的话，李梦阳当年也讲过，如"真诗乃在民间"之类，但复古派绝难真正效仿民歌，他们至多只能羡慕而已。相反，性灵派却欣然将其当作营养吃下去，并且化为自己的诗歌创作。袁宏道说："世人以诗为诗，未免为诗苦，弟以《打草竿》《擘破玉》为诗，故足乐也。"(《伯修》)袁中道也声称："俚语虽可笑，多存韵致，套语虽无可笑，觉彼胸中烂肠三斗，未易可去。是以文人有俚语，无套语也。"（《江进之传》）在很大程度上，公安派的诗歌改革就是向民歌靠拢，化格套为俚俗。请看袁宏道的两首诗：

> 文窗斜对木香篱，胡粉薄施细作眉，贪向墙头看车马，不知裙着刺花儿。（《大堤女》）

> 天上一昏一旦，人间甲子周年。不分黄姑织女，夜夜乌鹊桥边。（《七夕偶成》其一）

此类作品跟市井间流行的俚曲相当接近，明显是仿效民歌而作。从民歌当中摄取灵感，成为"公安派"诗人改造正统诗歌的一条途径。过去，不少人把性灵当作阳春白雪式的东西，实际上并非如此，从某种程度上说，它还挺俗的。在任性而发这一点上俗与性灵正相通，所以"公安派"以俗为荣。

这派作家不光在创作上借鉴民歌，他们还从审美理论上对之进行阐述。袁宏道有一段著名的"趣"说，可视为性灵的一方注脚：

> 世人所难得者惟趣。趣如山上之色，水中之味，花中之光，女中之态，虽善说者不能下一语，惟会心者知之。……夫趣得之自然者深，得之学问者浅。当

> 其为童子也，不知有趣，然无往而非趣也。……山林
> 之人，无拘无缚，得自在度日，故虽不求趣而趣近之。
> 愚不肖之近趣也，以无品也，品愈卑故所求愈下，或
> 为酒肉，或为声伎，率心而行，无所忌惮，自以为绝
> 望于世，故举世非笑之不顾也，此又一趣也。迫夫年
> 渐长，官渐高，品渐大，有身如桔，有心如棘，毛孔
> 骨节俱为闻见知识所缚，入理愈深，然其去趣愈远矣。
> （《叙陈正甫会心集》）

这一段妙论显然受到了"童心说"的启示，文中所谓趣不是别的，就是人的本性流露。学问积多了，理学毒害深了，有可能丧失本性。要恢复本性，就必须返归自然，哪怕是酒肉，哪怕是声伎，也不失为一帖良药，"公安派"自己不就是这么做的吗？过去已经有不少优秀的文人作家自觉地向俗文化靠拢，如元代的关汉卿、白朴、马致远，当朝的罗贯中、施耐庵、徐渭、汤显祖、冯梦龙以及"吴中派"作家等等，然而将正统的诗文拽入俚俗的轨道，并从美学角度论证雅俗贯通之理的，以前还未有过。雅文化的转型到"公安派"手里进入了实质性阶段。

**竟陵派与明末小品文**

中国传统诗歌已走过漫长的历程，形成了自己固定的一套审美定势，明代以后，它与生活的距离越来越大，日益老化，但作为一种长期的心理积淀，它仍然包含有丰富的文化意蕴。"公安派"以俚俗、诙谐矫其刻板，以率意、浅切救其深婉，虽有所突破，然而实际上并未取得理想的效果。毕竟民歌不等于新诗，雅文学和俗文学仍有自己的差异和分野，仅靠高唱《挂枝儿》《打草竿》并不就能解决问题。此外，"性灵派"的文学主张实际上又要求表现独特的个性情感，俚俗与性灵，虽有一致处，也明显存在着矛盾。当率意、浅切代替格套充斥诗坛的时候，"竟陵派"的钟惺、谭元春于是又出来矫正公安，他们反对俚俗化、大众化的倾向，提倡抒写作者孤寂的情怀。钟惺说："真诗者，精神所为也。察其幽情单绪，孤行静寄于喧杂之中，而乃以其虚怀定力，独往冥游于寥廓之外。"（《诗归序》）谭元春也指出："夫人有孤怀，有孤诣，其名必孤行于古今之间，不肯遍满寥廓，而世有一二赏心之人，独为之咨嗟彷徨者，此诗品也。"(《诗归序》)经他们这么一提醒，诗人们才意识到，原来性灵还有更高的追求，审美风气至此又为一变。"竟陵派"的倡导是对性灵诗学的深一步掘进，所谓孤寂之美，更接近于近代的美学范畴，可以视作作家审美心态的一种深入体认。

正如前面指出的，处于文化转型的历史关口，文人士大夫的角色定位已成为一个悬而未决的问题，"公安派"好不容易从仕、隐二途中超脱出来，自觉不自觉地靠向了市民阶层，试图寻找一种归宿感，而"竟陵派"却发现，文人终应具有自己的独立位置，于是又拉开了与市民的距离。此刻，敏感的诗人才真正体味到了彻骨的孤寒。他们简直就像飘浮在宇宙中的尘埃，像广袤夜空中的点点星光，遥然无所附着。这种特有的孤凄之美就体现在"竟陵派"的诗中。请看："晚香林气乱，寒火石灯微"(《游九华山值阴》)，"寒月归鸦外，生烟闭户中"(《沧州夕发》)，"细火沾林露，遥钟过浦霜"(《舟晚》)，"砌虫泣凉露，篱犬吠残辉"(《夜归联句》)。钟惺的这些诗句，精深微妙地写出了一个孤独者的审美情怀，它们也许太僻涩，太黯淡，未脱古典诗学的格式，但那毕竟是诗人发自肺腑的心声。在文人尚未找到自己位置的状况下，诗还能是什么样的呢？

"性灵派"的突出成就其实并不在诗歌方面，而在散文领域。或许散文比诗歌更加自由，可以任意挥洒；或许近代文化更是一种散文型文化，而非诗型文化。总之，晚明"性灵派"在散文领域开创了一片绚烂天地，与诗歌形成某种对照。这个时期的散文不是那种正襟危坐、铺陈大道理、进行道德说教的大块文章，而是短小轻灵的小品文。小品文真正在中国文学中占有一席位置，就是从"性灵派"开始的。讲到小品文，鲁迅曾有一段界说："讲小道理，或没道理，而又不是长篇的，才可谓之小品。"[1]他把小品文的文体性质揭示得很明白。小品文的特点，一是篇幅短，不铺张；二是自由随意，专抒性灵；三是不以议论为主，即使议论，也非正统之言，往往悖经乖典，以嬉笑怒骂出之。从体裁上分，小品文大致有游记、书札、随笔、题跋、日记等若干类型，形式虽异，然皆为抒发文人情趣之作，充溢着个性之美，为中国古代散文开辟了一种新境界。且举几篇，以示一斑：

> 寒食后雨，予日此雨为西湖洗红，当急与桃花作别，勿滞也。午霁，偕诸友至第三桥，落花积地寸余，游人少，翻以为快。忽骑者白纨而过，光晃衣，鲜丽倍常，诸反白其内者皆去表。少倦，卧地上饮，以面受花，多者浮，少者歌，以为乐。偶艇子出花间，呼之，乃寺僧载茶茯者。各啜一杯，荡舟浩歌而返。（袁宏道《雨后游六桥记》）

> 败却铁网，打破铜枷，走出刀山剑树，跳入清凉佛土，快活不可言，不可言！投冠数日，愈觉无官之妙。弟已安排头戴青笠，手捉牛尾，永作逍遥尘外人矣。朝夕焚香，惟愿兄长不日开府楚中，为弟刻袁先生三十集乙部，兄尔时毋作大贵人哭穷套子也。不逛语者，兄牢记之。（袁宏道《聂化南》）

> 梅之冷，易知也，然亦有极热之候。冬春冰雪，繁花粲粲，雅俗争赴，此其极热时也。三四五月，累累其实，和风计雨之所加，而梅始冷矣。花实俱往，时维朱夏，叶干相守，与烈日争，而梅之冷极矣。

> 故夫看梅与咏梅者，未有于无花之时者也。……咏梅而及于实，斯已难矣，况叶乎？梅至于叶而过时久矣。廷尉董崇相官南都在告，有《夏梅》诗，始及于叶。何者？舍叶无所为夏梅也。予为梅感此谊，属同志者和焉，而为图卷以赠之。夫世固有处极冷之时之地，而名实之权在焉。巧者乘间赴之，有名实之得，而又无赴热之讥。此趋梅于冬春冰雪者之人也，乃真附热者也。苟真为热之所在，虽与地之极冷而有所必辩焉。此咏夏梅意也。

（钟惺《夏梅说》）

古代散文在文人笔下，还从来没有像晚明作家这样随便潇洒过，传统的写法都被打破了。前人作文，总是竭力引读者注意他们所描绘的那个世界，到了性灵作家这里，世界本身已经不重要了，重要的是作者叙述时的那副态度，那种神气。其实他们不是在写山水，不是在叙友谊，更不是在谈什么梅花，他们真想传达的是自家那一段掩埋不住的精光灵气，是作者兀傲独立且自我美化的人格，他们的确无处不在写世界，但也无处不在写自我，世界不过是自我的外射和印证而已。更说什么明道，更说什么证史乎！对于晚明作家来说，不是文章反映了现实，倒是文人创建了一种自己的活法，所以文即是人，文与人成为统一体。

当然，小品文并不都是轻松、愉悦的，鲁迅曾经指出，晚明小品"并非全是吟风弄月，其中有不平，有讽刺，有攻击，有破坏"。又说："小品文的生存，也只仗着挣扎和战斗的。"[2] 挣扎的意思可以宽泛来理解，其实对自我价值的探索本身也是一种挣扎。同理，冲破正统观念的束缚，追求个性解放亦属于一种破坏。至于谈到讽刺和战斗，那确乎是有的，王思任的《让马瑶草》即为一篇典型作品。该文对奸佞误国的南明权相马士英进行了口诛笔伐："职为阁下计，无如明水一盂，自刎以谢天下，则忠愤之士，尚尔相原。""今乃逍遥湖上，潦倒烟霞，效贾似道之故辙，人笑褚渊，齿已冷矣。且欲求奔吾越，夫越乃报仇雪耻之国，非藏垢纳污之地也。职当先赴胥涛，乞素车白马，以拒阁下！"它实可当作一篇檄文来读，力量不弱于鸿篇巨制。另外，"公安派"作家江盈科的《王见之》也是一篇讽刺宦官的杰作，让人在捧腹之余获得一种泄愤的快感，且录于下：

> 有中贵（宦官）者，奉命差出，至驻扎地方，亦谒
> 庙，行香，讲书。当讲时，青矜（秀才）心厌薄之，乃
> 讲《牵牛而过堂下》一节。中贵问曰："牵牛者姓甚名
> 谁？"青矜答曰："就是那下面的'王见之'。"中贵叹
> 曰："好生员，博雅乃尔。"

《牵牛而过堂下》为《孟子·梁惠王》中一节，骄横的宦官胸无点墨，却又要不懂装懂，书中本未提牵牛者之名，他却偏要向秀才发问，秀才于是戏弄地回答："就是下文的王见之。""王见之"三字本"齐宣王看见了"的意思，而宦官不但未能发现，反而给秀才以嘉奖，充分暴露了他的无知和愚蠢。此类文章表面上不动声色，却收到了强烈的讽世效果。

除了战斗性之外，还有别的方面，如前面引过的张岱的《陶庵梦忆》，刘侗、于奕正的《帝京景物略》等，都是述风俗，记旧游，发感慨，抒不平，种种情态，皆甚可观。这里我们还无论如何不能忘记徐宏祖的《徐霞客游记》，它不是一般的山水游记，而是集探险、搜奇、

科学考察和文化调查为一身的新型文体，这部
日记体游记中，探究自然、开拓科学已经和艺
术审美结合起来了。比如作者对湖南茶陵溶洞
的描写："……其上石窦一缕，直透洞顶，光由
隙中下射。若明星钩月，可望而不可摘也……
北转而东。若度鞍历峤，两壁石质石色，光莹
欲滴，垂柱倒莲，纹若镂雕，形欲飞舞……中
圆透盘空，上穹为顶，其后西壁，玉柱圆竖，
或大或小，不一其形，而色皆莹白，纹皆刻镂，
此徼中第一奇也。"（《楚游日记》）又如其对云
南地下沸泉的描写："则一池大四五亩，中洼如
釜，水贮于中，止及其半，其色浑白，从下沸
腾作滚涌之状，而势更厉，沸泡大如弹丸，百
枚齐跃而有声，其中高且尺余，亦异观也。"
（《滇游日记十》）这些文字既有观赏和美学价
值，又具科学实证价值，与郦道元的《水经注》
似不可同日而语了。科学小品的出现，昭示着
当时文人探究自然的新的文化动向，一代新人
正在成长当中。

　　上述种种，不管属于哪一种类型，都是作
者真性情的展露，是中国文化史上一份珍贵的

财产。这批被正统观念视作颓放不经的小品文其实最接近现代人的审美观念，"五四"时期，人们重新发现了它们，并掀起写作小品文的热潮，就充分证明这一点。性灵文学崛起于16、17世纪之交，实际上成为连接古代与现代审美文化的桥梁。

〔1〕　《且介亭杂文二集·杂谈小品文》,《鲁迅全集》第 6 卷，人民文学出版
　　　　社，1981 年版。

〔2〕　《南腔北调集·小品文的危机》,《鲁迅全集》第 4 卷。